I0153811

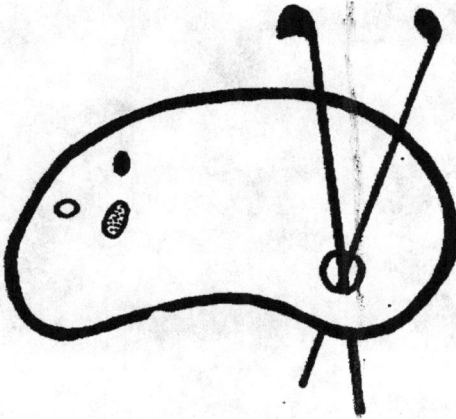

DEBUT D'UNE SERIE DE DOCUMENTS
EN COULEUR

8° L²R
25845
c

5.

E. VII. 66.

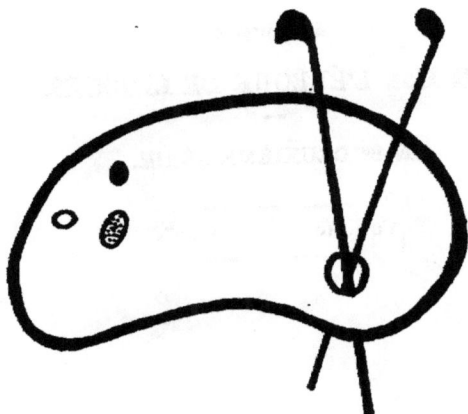

FIN D'UNE SERIE DE DOCUMENTS
EN COULEUR

BIBLIOTHEQUE
CHRÉTIENNE ET MORALE

APPROUVÉE

PAR Mgr L'ÉVÊQUE DE LIMOGES.

—

IN-8° DEUXIÈME SÉRIE.

Volume de 192 pages.

Tout exemplaire qui ne sera pas revêtu de notre griffe sera réputé contrefait et poursuivi conformément aux lois.

Barbou frères

LA NORMANDIE.

80 LK²
2547

Les ducs de Normandie.

LA

NORMANDIE

PAR A. D'AUGEROT.

LIMOGES
BARBOU FRÈRES, IMPRIMEURS-LIBRAIRES

LA NEUSTRIE.

La Normandie, qui forme aujourd'hui les cinq départements de Seine-Inférieure, de l'Eure, du Calvados, de l'Orne et de la Manche, faisait partie de la Gaule Celtique avant la conquête des Romains. Onze peuplades l'habitaient; et quand César la subjugua, comme le reste des Gaules, elle perdit son nom de Ligue des onze cités, et, devenue province romaine, s'appela la seconde Lyonnaise. Quand les maîtres du monde se virent à leur tour dépossédés par les barbares, ce beau pays passa sous la domination des rois francks, et reçut le nom de Neustrie, qu'il conserva jusqu'au neuvième siècle.

Depuis longtemps les Normands (hommes du nord), pirates hardis et guerriers vaillants, jetaient les yeux sur les riches contrées soumises par les Francks; la puissance de Charlemagne avait contenu leur audace, et pendant tout le règne de l'illustre empereur ils n'osèrent rien entreprendre contre ses États. Quelques-uns de leurs vaisseaux ayant abordé dans un des ports de la Narbonnaise, où se trouvait Charles, son nom seul les mit en fuite. Mais, au lieu de se réjouir de leur départ, l'empereur, qui les considérait, fondit en larmes. Laterrogé sur le sujet d'une telle douceur, ce grand homme répondit : Je pleure sur les maux dont ces barbares accableront un jour mes peuples.

Cette prophétique parole ne tarda point à s'accomplir. Charles était à peine descendu dans la tombe que treize barques montées de pirates se présentèrent à l'entrée de la Seine. Elles furent repoussées, allèrent fondre sur l'Aquitaine, et regagnèrent leur pays, chargées de riches dépouilles. La soif du butin les ramena bientôt. En 841, ils brûlèrent Rouen et dévastèrent l'antique abbaye de Jumièges.

En 845, cent navires normands remontèrent la Seine, s'avancèrent jusqu'à Paris, et pillèrent l'église de Saint-Germain-des-Prés. Charles le Chauve régnait alors ; au lieu de combattre, il offrit de l'or aux pirates, qui ne manquèrent pas de revenir. Fatigué de ces continuelles invasions, le faible monarque appela enfin à l'aide son frère Lothaire ; mais malgré leurs efforts réunis, les barbares continuaient à porter le fer et la flamme. Chaque année, une nouvelle descente a lieu, et Charles ne trouve plus d'autre moyen de se défendre que de s'allier avec les Normands de la Somme contre ceux de la Seine, qui à chaque instant menaçaient Paris. Il paya ces auxiliaires, paya les nouveaux venus, et après avoir montré quelque velléité de courage et de résolution, retomba bientôt dans son apathique faiblesse. Ses successeurs l'imitant, les pirates en profitèrent, et la Neustrie, plus exposée à leurs ravages que les autres provinces, fut, pendant plus d'un siècle, inondée de sang et couverte de ruines.

ROLLON.

Les Danois, les Suédois, les Norvégiens ou Scandinaves, étaient tous appelés Normands. Ceux de l'intérieur des terres vivaient seuls de la chasse ou de la pêche, les autres se livraient à la piraterie. Les Scandinaves surtout jouissaient d'une haute réputation de valeur et de hardiesse, et la terreur qu'ils excitaient était extrême. Ils étaient depuis longtemps déjà gouvernés par les rois, lorsque Harold, l'un d'eux, entreprit de les soumettre à des lois sévères et de réprimer les brigandages qu'ils exerçaient parfois au-dedans comme au-dehors.

Rhon ou Rollon, son parent, ayant enfreint ces lois, fut cité par Harold devant l'assemblée chargée de rendre la justice, et condamné au bannissement. Hildis, sa mère, implora vivement la clémence du roi; mais Rollon, dont l'esprit audacieux rêvait guerre et pillage, quitta sans regret sa patrie. Sa force était aussi extraordinaire que sa taille, et nous pouvons juger de ce qu'était cette taille, car Rollon n'ayant jamais trouvé un cheval qui fut capable de le porter, était connu sous le nom de Roll le Marcheur.

Le jeune proscrit rallia tous les mécontents qu'avait faits la sévérité de Harold, ils équipèrent un grand nombre de navires, et leur flotte, entrant dans la Seine, vint, en 897, jeter l'ancre devant Jumièges, à cinq lieues de Rouen, et commença de ravager les deux rives du fleuve.

Le grand empire de Charlemagne s'était affaissé : de nombreuses provinces s'en étaient détachées et s'étaient choisi des chefs particuliers; mais la Neustrie était restée soumise aux successeurs du grand homme. Les cris arrachés aux populations effrayées par l'arrivée de Rollon, allèrent trouver Charles le Simple. Tandis que ce monarque rassemblait l'armée qu'il voulait opposer aux barbares, ceux-ci continuaient leurs affreuses dévastations. Alors la ville de Rouen, déjà plusieurs fois incendiée et pillée, appela au secours son archevêque.

— Nous sommes perdus, lui dit-on, si vous ne désarmez ce farouche ennemi. Laisserez-vous périr vos enfants ?

— Priez, répondit le prélat. Je vais trouver le chef barbare, et je mourrai ou je vous sauverai.

Franco, c'était le nom du courageux prélat, sortit de la ville, escorté des vœux et comblé des bénédictions de tout le peuple. La charité qui lui avait inspiré un si noble dévouement lui dicta des paroles qui adoucirent Rollon, et une trève fut conclue entre eux. L'archevêque consentit à ce que les Normands entrassent dans la ville ; mais leur chef jura qu'il ne serait commis aucune violence, et ce serment fut exactement rempli. Le jeune aventurier visita Rouen avec une curieuse attention, il en admira l'avantageuse situation, les solides remparts, les monuments, les églises, et il résolut d'en faire, plus tard, sa place d'armes et sa capitale.

Après cette visite, les Normands continuèrent de remonter la Seine, et attendirent, près de l'embouchure de l'Eure, l'armée que Charles le Simple envoyait à leur rencontre. Cette armée parut ; ces chefs avaient l'ordre non de combattre, mais de parlementer. Hastings, l'un d'entre eux, était d'origine danoise ; il avait, vingt ans auparavant, commandé une invasion ; mais il avait embrassé le christianisme, et reçu du roi le comté de Chartres. Il fut chargé de porter aux Normands des paroles de paix. Mais il ne réussit pas dans cette mission ; Rollon lui déclara qu'il voulait faire de la terre qu'il foulait la patrie de ses compagnons, et que rien ne pourrait le faire changer de résolution. On en vint aux mains : les Francks furent complétement battus, et Rollon continua de remonter la Seine. Une nouvelle armée s'avança contre lui, et eut le même sort que la première ; il arriva jusque sous les murs de Paris, mais il ne put s'emparer de cette place, et l'un des chefs de son armée ayant été

fait prisonnier, Charles-le-Simple obtint, en le lui rendant, une trève d'une année.

Ce temps écoulé, les Normands reprirent les armes, et
continuèrent à porter la terreur. La Normandie semblait,
comme ils l'avaient dit, être devenue leur patrie, et
Rouen, leur bonne ville. Rollon s'occupait de pacifier
cette province, et s'efforçait de la garantir des ravages
des siens. Cela dura seize ans, au bout desquels le roi
Charles le Simple, désespérant de réduire les Normands,
résolut de traiter définitivement avec eux. L'archevêque
de Rouen, qui s'était si noblement conduit lors de l'invasion, fut chargé des négociations. Il offrit à Rollon la
propriété des terres situées entre la rivière d'Andelle et
l'Océan, avec la main de la princesse Gisèle, fille de
Charles le Simple, s'il voulait embrasser la religion
chrétienne.

Franco était fort estimé du chef normand, que son
courage avait frappé jadis; il en fut favorablement écouté.
D'ailleurs la première jeunesse de Rollon était passée,
et il songeait, après avoir tout combattu, à fonder un
pouvoir durable.

— Les paroles du roi sont bonnes, répondit-il à l'archevêque, mais la Neustrie, vide d'hommes et sans labeur, ne saurait me suffire; mes gens y mourraient de
faim, je veux aussi la Bretagne.

Ce que demandait Rollon ne pouvait être l'objet d'une
difficulté sérieuse, la Bretagne n'appartenant point à
Charles le Simple, il n'avait aucun mérite à la céder à
son futur gendre. Ce traité fut conclu à Saint-Clair-sur-
l'Epte, limite des deux Etats. Les Français campèrent
sur la rive gauche, et les Normands sur la rive droite.

Voici, selon les historiens du temps, comment se passa
l'entrevue. Rollon s'avança vers Charles, et, prenant
dans les siennes les mains du roi, lui jura obéissance.
Charles alors le reconnut comte de Normandie, et jura
de ne rien entreprendre sur le territoire qu'il lui avait
concédé. Tout allait bien jusque-là; mais, au moment

de se séparer, on expliqua à Rollon que quand le roi
accordait une telle faveur, l'usage voulait que le sujet
auquel il la faisait se jetât à ses pieds et les baisât. Rollon, indigné, déclara qu'il n'en ferait rien, et qu'il rom-
prait plutôt le traité. Après de longues instances il consentit à ce qu'un de ses officiers remplît pour lui cette
formalité. Le capitaine normand auquel il en donna l'ordre se courba devant le roi, et, lui prenant le pied comme
pour le baiser, le leva si haut que Charles tomba à la
renverse, aux éclats de rire de tout le camp des pirates.

Rollon, fidèle à ses serments, embrassa le christianisme, et, devenu possesseur de la Normandie, s'attacha
à réparer les maux que de longues et cruelles guerres
avaient causés à ce pays. Toutefois, pour enrichir ceux
qui l'avaient aidé à vaincre, il dépouilla les Neustriens
de leurs terres, et ces victimes du sort des armes devinrent les serviteurs des nouveaux propriétaires. Ce partage une fois fait, le nouveau seigneur s'attacha à réprimer le penchant de ses Normands au brigandage; il
donna des lois et veilla à ce qu'elles fussent observées
avec fidélité. Comprenant l'influence civilisatrice de la
religion, il s'en montra le protecteur zélé ; il ne toucha
point aux biens des abbayes et des évêchés, et il fit de
riches présents aux églises qu'il avait jadis dévastées.
La Neustrie était déserte et inculte; il y appela des laboureurs, auxquels il promit toute sécurité, et cette promesse, il sut la remplir comme toutes celles qu'il avait
faites jusque-là. Sa sagesse, sa fermeté, son génie accomplirent une étrange transformation; de ses sujets,
naguère les plus hardis pillards, et les hommes les plus
insociables du monde entier, il fit un peuple laborieux
et si probe que, si l'on en croit la chronique, « il ne se
trouva plus de larrons entre eux, et la chaisne d'or du
duc, pendue en un chesne, lequel ombrageait une mare
dans la forest voisine de la ville de Rouen, y demeura
trois ans, encore que ce fust une grande amorce à ceux
qui s'abstiennent difficilement des occasions qui cha-
touillent leur convoiture. Un fait de cette nature ne devait pas périr; on appelle encore ce lieu la forest de

Rhoumare. » (On sait que Rollon était indifféremment
nommé Roll ou Rhou).

Sous le gouvernement d'un prince aussi habile que
brave, la Neustrie, en prenant le nom de Normandie,
sortit de ses ruines et devint florissante, tandis que sous
le sceptre de Charles le Simple, la France était en proie
à toutes les calamités qu'entraînent les divisions intestines.

Rollon soutint d'abord le faible monarque ; mais la
victoire le trahit, et Raoul, duc de Bourgogne, qui dis-
putait la couronne à Charles le Simple, traversa l'Epte
et commença de ravager la Normandie ; une trêve fut
conclue, et Rollon, en recevant de Raoul le Maine et le
Bessin, s'engagea à ne plus s'opposer à ses entreprises.
Une infraction à ces clauses ramena les Français en
Normandie ; le fort d'Eu fut pris, et la garnison en fut,
dit-on, mise à mort, ainsi qu'un grand nombre d'habitants.

Pendant ce temps, le malheureux Charles était enfermé dans un château du Vermandois, et ignorait peut-
être les sanglantes querelles dont il était bien moins la
cause que le prétexte. Après avoir changé de parti au
gré de leur ambition, les seigneurs le tirèrent de sa prison et le proclamèrent roi ; mais Raoul les gagnant encore une fois, ils l'y replongèrent, et sa mort laissa le
trône à son compétiteur.

La dernière expédition de Rollon fut contre les Bretons, qui avaient envahi son territoire ; il les vainquit,
reçut la soumission de quelques-uns de leurs chefs, il
en força d'autres à s'exiler.

Tranquille de ce côté, il pensa à transmettre à son fils
l'Etat qu'il avait formé. La princesse Gisèle, morte au
bout d'un an, ne lui avait point laissé d'héritier ; mais
il avait eu, d'un premier mariage, deux enfants, Adèle
et Guillaume. Il fit agréer aux seigneurs que son fils lui
succédât ; il était né d'une mère païenne ; mais il avait
été élevé dans la foi chrétienne, et chacun lui jura fidélité.

Cinq ans après, Rollon mourut âgé de quatre-vingt-six ans, avec la réputation bien méritée d'un conquérant redoutable et d'un habile législateur.

***

LA NORMANDIE.

Il n'y a pas en France une province qui, mieux que la Normandie, mérite d'attirer le voyageur ou d'inspirer le peintre, et qui fournisse à l'écrivain un sujet plus noble et plus abondant. Sous le rapport de la fécondité de son sol, de l'activité de son industrie, de la beauté de ses sites, du nombre et de l'antiquité de ses monuments, elle ne le cède à aucune autre contrée, et plus que toute autre peut-être elle est riche en grands souvenirs.

Les fameux pirates qui, après l'avoir conquise, la peuplèrent et la civilisèrent, portèrent au loin sa réputation; leur humeur aventureuse se changeant en un courage raisonné, mais toujours entreprenant, leur fit accomplir la conquête de l'Angleterre, et plus tard celle de la Sicile.

La gloire des arts ne manque pas plus à la Normandie que celle des armes, et entre tous les noms des grands génies dont elle s'honore, celui de Corneille suffirait à illustrer la plus obscure province.

Nous allons donc entreprendre de parcourir ce beau pays, admirant les ruines et recueillant les souvenirs du passé, sans dédaigner toutefois les œuvres nouvelles et les prodiges accomplis par la patience et l'industrie contemporaines.

***

ROUEN.

Saluons d'abord Rouen moderne, la grande et riche
Cité assise sur les rives de la Seine, qui, amenant jusque dans son sein les navires de toutes les parties du
monde, contribue puissamment à sa prospérité. Les co-
teaux en amphithéâtre qui entourent les îles verdoyantes
qui coupent l'uniformité du fleuve, les prairies qui le
longent, rendent des plus riants l'aspect de cette ville,
et quand un beau rayon de soleil se mire dans l'onde,
quant un vent léger agite les banderolles et les étendards des nombreux bâtiments de son port, quand une
foule élégante sillonne ses quais, cette partie de la ville
offre le coup d'œil le plus charmant et le plus varié qu'il
soit possible d'imaginer.

Rouen doit donc à la Seine la plus grande partie de
sa beauté comme de sa richesse. On traverse ce fleuve
sur deux ponts; l'un, en pierre, orné de la statue de
Corneille, fait face à une rue nouvellement rebâtie qui
conduit à l'antique église de Saint-Ouen; l'autre, en
fer et de construction récente, est situé vis-à-vis d'une
rue assez laide et peu large, qui cependant renferme de
très-beaux magasins et voit constamment un grand nombre de promeneurs. Cette rue mène à l'église Notre-
Dame, qui est, avec celle de Saint-Ouen, l'un des plus
beaux monuments qu'on doive visiter. On voyait naguère
à Rouen un pont de bateaux qui montait et descendait
chaque jour avec la marée, et qui s'ouvrait pour donner
passage aux vaisseaux; mais ce pont est détruit.

Rouen était jadis fortifié et avait un grand nombre de
portes dont les noms appartiennent encore à ses boulevards ou à quelques-unes de ses rues : la porte Bou-
vreuil, la porte Cauchoise, la porte Saint-Hilaire, la
porte Saint-Éloi, la porte Martainville, la porte de la Vi-

comté, la porte du Bac, etc.; aujourd'hui elle n'a plus ni murailles, ni portes, elle s'étend en liberté entre les vallées de Déville et de Carnetal.

L'ancienne ville est triste, composée de rues étroites relativement à l'élévation des maisons qui les bordent. Un grand nombre de ces maisons sont en bois et bâties irrégulièrement; mais chaque jour quelqu'une de ces vieilles constructions disparaît, et Rouen deviendra sans doute aussi beau qu'il est riche et peuplé.

Sa principale industrie consiste en toiles de coton et en indiennes connues sous le nom de rouenneries; mais nul autre genre de commerce n'y est étranger.

Parmi ses places publiques, il faut remarquer celle de la Calende, aujourd'hui fort élevée au-dessus du niveau de la Seine et autrefois baignée par ses eaux; car c'est là qu'aborda Rollon, et la place de la Pucelle, qui rappelle le triste et glorieux souvenir de Jeanne d'Arc. Une fontaine, surmontée de la statue de cette jeune héroïne, dont nous aurons à parler, lave incessamment le lieu souillé par son supplice. Sur cette même place se trouve l'hôtel du Bourgtheroulde, attribué tantôt au duc de Belfort, tantôt à Charles VII, tantôt à François Ier, attire l'attention des antiquaires par la hardiesse de sa construction et la grâce de ses sculptures.

Outre la Seine, le Robec, l'Aubette et la Renelle arrosent la ville en favorisant l'industrie. On y trouve de belles fontaines, entre lesquelles on distingue celle de l'hôtel de Lizieux, celle du Vieux-Palais et celle de la Grosse-Horloge. Les boulevards sont autant de promenades; et il ne manque au cours la Reine, planté de beaux arbres, et longeant la Seine, rien que des promeneurs, dont la foule se porte de préférence sur le quai de la Course, aux environs de la statue de Boïeldieu. Le touriste qui visite cette ville ne manque pas d'aller saluer l'humble maison où naquit ce grand compositeur, et celles où Corneille, Fontenelle et le peintre Géricault reçurent le jour.

La porte de la maison de Corneille est conservée au musée des antiquités normandes. Ce musée, situé dans

l'ancien couvent de Sainte-Marie, renferme un grand
nombre d'objets précieux : des pierres et des urnes fu-
néraires, des casques, des boucliers, des statues, des
armes, des vases, des médailles, des meubles, des vitraux peints, des châsses vénérées et d'illustres auto-
graphes. Il y a de quoi faire rêver longtemps le poète
ou l'artiste, de quoi remplir pendant des mois entiers
les méditations du savant. Près de cet amas de ruines,
recueillies avec tant de conscience et tant d'amour, on
trouve le musée d'histoire naturelle, non moins bien
choisi et bien tenu.

L'hôtel-de-ville, situé sur l'emplacement de l'abbaye
de Saint-Ouen renferme une bibliothèque qui compte,
à ce qu'on assure, quarante mille volumes. Histoire,
droit, poésie, littérature, sciences, rien n'y manque, et
chaque jour des écrivains et des artistes viennent y püi-
ser des inspirations ou des lumières. On remarque
dans cette bibliothèque le *Graduel* de Daniel d'Aubonne,
si admirablement enluminé que l'art ancien n'a rien
produit de plus parfait, et le livre des fontaines, où se
trouvent représentées quelques vieilles maisons de l'antique cité. Le musée de peinture, placé aussi à l'hôtel-
de-ville, renferme, entre autres toiles remarquables,
une Vierge, de Raphaël; un saint François-d'Assise,
d'Annibal Carrache ; une Sainte-Famille, de Mignard;
la Mort de saint François, par le normand Jouvenet;
plusieurs tableaux de cet autre normand si célèbre, le
Poussin, et des marines de Vernet.

ÉGLISE DE SAINT-OUEN.

En sortant de la bibliothèque et du musée, arrêtons-
nous devant l'église Saint-Ouen. Certes pas un monu-

ment, quelle que soit son origine ou sa destination, ne méritera mieux de captiver notre attention. Cette église est ce que l'art chrétien a produit de plus hardi, de plus noble et de plus pur, non-seulement en Normandie, mais dans le monde entier. La première pierre de cet admirable édifice fut posée en l'an 1318, par l'abbé de Saint-Ouen, Jean Roussel, connu sous le nom de Roussel Marc-d'Argent. La première église de l'abbaye, fondée sous le règne de Clotaire Ier, avait été brûlée par les Normands, en 841 ; le prince Rhou, ayant depuis embrassé la foi du Christ, la fit reconstruire, alla lui-même au-devant des reliques de saint Ouen, que les religieux avaient enlevées au jour du désastre, et tint à honneur de porter sur ses épaules la châsse qui contenait les ossemens vénérés. Les successeurs de Rollon enrichirent de leurs dons le monument que ce prince avait réédifié. Sous le règne de Guillaume-le-Conquérant, l'abbé de Saint-Ouen entreprit de remplacer cette église par un édifice plus digne du culte divin ; mais il était à peine achevé qu'un terrible incendie le détruisit. Deux siècles plus tard, Marc-d'Argent jeta les fondements de la magnifique basilique dont Rouen s'enorgueillit à juste titre. Deux autres siècles furent employés à cet important travail, que la guerre étrangère sut respecter ; mais que n'épargnèrent pas les fureurs des guerres de religion. En 1562, les calvinistes brisèrent les chaires et les balustrades, l'horloge et le maître-autel de Saint-Ouen ; ils en pillèrent les richesses et en brûlèrent les reliques ; mais les traces de ces ravages impies disparurent bientôt, grâce à la piété et au zèle des fidèles. Sous le règne de la Terreur, ces scènes de vandalisme se renouvelèrent ; le Très-Haut fut chassé de son temple transformé en club et en atelier ; au lieu où avaient retenti les saints cantiques furent entendus des blasphèmes ; au lieu où avait fumé l'encens coula le sang des martyrs ; mais quand revint pour la France un jour plus propice, Saint-Ouen était encore debout dans toute sa force et toute sa majesté.

L'église a cent trente-huit mètres de long sur vingt-six mètres de large; la voûte en est élevée à trente-trois mètres du sol, et cent vingt-cinq fenêtres, ornées de riches vitraux et placées sur trois rangs, y laissent pénétrer le jour mystérieux qui convient à la prière et inspire le recueillement. Trois rosasses d'une merveilleuse beauté, celle du portail occidental surtout, captivent les regards. Celle-ci est due à l'élève d'Alexandre Berneval, l'auteur des autres, et le maître, jaloux de se voir surpassé par celui auquel il avait enseigné son art, le tua de sa propre main, et paya de sa vie cet acte de fureur. Les bons pères de l'abbaye, pleins de miséricorde, recueillirent son cadavre, et l'ensevelirent au-dessous de la rosace qu'il avait faite.

Onze chapelles entourent le chœur, et rien n'est majestueux comme la longue suite d'arcades formées par la voûte de la nef et celles des bas-côtés. On ne manque jamais d'inviter quiconque visite Saint-Ouen à jeter les yeux dans le bénitier placé près du premier pilier du grand portail : la voûte entière s'y reflète, pareille à la carcasse d'un navire aux gigantesques proportions.

La grande tour est digne de couronner cet édifice; elle est sculptée à jour, et supportée par quatre piliers formés chacun de vingt-quatre colonnes.

Ornez ce monument colossal d'une profusion de sculptures, d'une multitude de détails exécutés avec un admirable fini, découpez toutes ces pierres en guirlandes, en arabesques, en caprices de toutes sortes, transformez-les en une myriade de statuettes, mettez cette merveille de patience et de hardiesse entre une vaste place et un beau jardin, et vous connaîtrez, autant qu'il est possible de le connaître sans l'avoir vu, ce chef-d'œuvre qu'on appelle Saint-Ouen.

NOTRE-DAME DE ROUEN.

Si nous nous rendons de cette église à celle de Notre-Dame, nous nous arrêterons un instant à Saint-Maclou, que nous admirerions longtemps si nous n'avions vu Saint-Ouen; mais où nous pouvons remarquer de belles sculptures, un escalier à jour qui conduit à l'orgue, et les vitraux précieux. Disons, de crainte de l'oublier, tant il nous reste encore à dire sur les beautés dont l'art chrétien a enrichi Rouen, que l'église de Saint-Patrice, œuvre de la renaissance, offre les plus magnifiques vitraux qu'il soit possible de voir.

La cathédrale de Rouen est d'une antique et auguste origine; car il faut, pour en trouver les fondements, remonter jusqu'en l'an 260, époque à laquelle Mellon, noble seigneur de l'île de Bretagne, vint prêcher sur cette terre encore païenne l'Évangile de Jésus-Christ. A la voix de ce saint apôtre, le peuple de Rouen abandonna le culte de ses fausses divinités, et ouvrit les yeux à la lumière. Alors s'éleva un temple dont Mellon fut le pasteur. Vers le milieu du cinquième siècle, cette église fut entièrement reconstruite, et elle continua de s'agrandir et de s'embellir jusqu'à la fatale époque de l'invasion des Normands. Ils la pillèrent et la détruisirent de fond en comble. Mais ils la relevèrent ensuite, et dans cette église leur chef reçut le baptême de la main du généreux évêque Franco. Rollon s'agenouilla plus d'une fois devant ses autels reconstruits, et il y repose encore aujourd'hui dans la tombe.

Rollon fit construire le chœur de la cathédrale, et, quelque temps après, Olaüs II, roi de Norwége, petit-fils du roi Harold, qui avait exilé Rollon, vint aussi se prosterner dans ce temple sacré, et implorer la grâce du baptême.

Au milieu du onzième siècle, saint Maurice acheva l'œuvre de ses prédécesseurs, par la construction de la grande tour à laquelle il donna son nom. En 440, la cathédrale fut frappée de la foudre, mais la foi était si grande alors, que le pieux édifice sortit plus brillant de ce désastre. Une seconde fois le feu du ciel éclata, et la tour de Saint-Maurice fut détruite. Le peuple ne se découragea point, et les ravages de la foudre s'effacèrent.

L'église Notre-Dame, à peine réparée, reçut deux glorieuses visites : celle du pape Innocent II, puis celle de l'illustre abbé de Clairvaux, saint Bernard. Henri II, roi d'Angleterre, vint s'agenouiller à son tour, et le cruel Jean-sans-Terre la visita sans que rien vînt inspirer à son âme de bronze les sentiments de justice et de miséricorde qui font le véritable chrétien.

En 1199, un incendie terrible consuma non-seulement la cathédrale mais la ville entière. Vingt ans après, la ville et la sainte basilique étaient sorties de leurs ruines, et en étaient sorties plus belles que jamais. On ne saurait trop admirer la foi qui soutenait nos pères, et la persévérance avec laquelle ils élevaient et reconstruisaient ces temples augustes, sans se laisser décourager par aucun obstacle ; mais aucun de ces monuments qui nous étonnent et nous confondent aujourd'hui n'a demandé plus de ce zèle persévérant, plus de cette ferme volonté que la cathédrale de Rouen. En l'an 1200, le jour où l'on célébrait avec allégresse la Résurrection du Sauveur, le jour où l'Église avait déployé toutes ses pompes, ses magnifiques ornements, ses vases précieux, au milieu des chants de triomphe retentirent des cris de détresse ; et à la fumée de l'encens se mêla celle de l'incendie. Quatre-vingt-quatre ans plus tard, à pareil jour, puis en 1625, en 1642 et en 1768, elle fut frappée de la foudre. Deux autres fois, battue par l'ouragan, elle vit sa flèche ébranlée, ses tourelles renversées et ses belles orgues brisées ; enfin, en 1822, le 15 septembre, le tonnerre tomba de nouveau sur la belle flèche qui couronnait l'antique édifice et la détruisit. Cette admirable pyramide de pierre si laborieusement sculptée, si savamment réparée, ne se releva plus. Une flèche en fonte la remplace aujourd'hui, au grand regret de tous les amis de l'art. Ainsi, privée de son plus bel ornement, la cathédrale est cependant un monument digne de toute admiration et un curieux sujet d'étude.

Tous les âges de l'architecture s'y trouvent réunis; depuis les piliers massifs peu nombreux du style roman, jusqu'aux délicieuses fantaisies de la renaissance. La tour Saint-Romain est la plus ancienne partie de l'édifice; la tour de Beurre, ainsi nommée de ce qu'elle fut élevée du produit des aumônes faites par les fidèles dispensés du jeûne de carême, fut achevée en 1507.

Rien n'est beau comme les innombrables sculptures de cet immense édifice; l'histoire de l'Ancien-Testament y est racontée depuis la création du monde, et les apôtres, les martyrs, les saints archevêques de Rouen y ont leur place. Outre le grand portail, riche de détail et plein de majesté, celui de la Calendre, qui représente la vie du Christ, et celui des Libraires, où l'on voit le Jugement dernier, sont d'une grande beauté.

Vingt-cinq chapelles garnissent l'intérieur de l'église, que trois magnifiques rosaces et une multitude de fenêtres ornées de vitraux font resplendir d'une clarté qu'on prendrait pour un rayon échappé du séjour des élus. La chapelle de la Vierge, placée derrière le chœur, mérite surtout d'être admirée. Elle renferme plusieurs tombeaux : celui de Louis de Brézé, époux de Diane de Poitiers, et celui de son aïeul Pierre de Brézé, tué à la bataille de Montlhéry, en 1465. Ce dernier est attribué à Jean Goujon, et si ce grand artiste n'en est pas l'auteur, il ne l'eut pas désavoué.

Mais une tombe plus admirable encore et placée dans la même chapelle captive les regards : celle du cardinal Georges d'Amboise, primat de Normandie, le serviteur le plus dévoué, l'ami le plus sage et le ministre le plus habile du bon roi Louis XII, le père du peuple. Cette tombe, élevée par Georges d'Amboise II, neveu et successeur de ce grand homme, reçut les hommages de toute la

Normandie qu'il avait comblée de bienfaits. Ce monument, parfaitement conservé, offre une profusion de détails d'une extrême délicatesse, et ne compte pas moins de soixante-dix statuettes, sans compter les deux figures de Georges d'Amboise et de son neveu, agenouillées sur la table du mausolée.

Plus d'un guerrier, après avoir porté au loin la terreur de ses armes, dort à l'ombre des saintes voûtes de la cathédrale. Outre Rollon, que nous avons déjà nommé, Guillaume Longue-Epée, successeur du premier duc normand ; Bedfort, régent des deux royaumes de France et d'Angleterre, dont le nom se trouve dans le plus triste chapitre de notre histoire, les dissensions civiles causées par la démence d'un roi ; Henri-le-Jeune et Richard d'Angleterre ; enfin le cœur de Charles V et celui de Richard-Cœur-de-Lion y ont été déposés. Les archevêques y ont aussi trouvé leur sépulture, et les longues dalles dont elle est pavée sont presque autant de pierres funèbres.

La révolution de 93 a marqué son passage dans cette noble église ; elle a brûlé les reliques, mutilé les statues, enlevé un aigle, présent du roi Charles VI, qui ornait le lutrin, et fondu les cloches, entre autres celle de Georges d'Amboise, haute de plus de trois mètres, et la plus grosse de toute la France ; elle pesait près de vingt mille kilogrammes. Elle fut transportée à la fonderie de Romilly, et transformée en canons et en médailles. Le son en était si beau qu'on la nommait la cloche d'argent, nom que beaucoup de personnes donnent encore à la cloche du beffroi, placée dans la tour de la Grosse-Horloge, à peu de distance de la cathédrale.

Rouen n'a plus que quelques vestiges de ses anciens monuments, tels que le Vieux-Palais et le Vieux-Château, ceux-là n'ayant pas, comme la cathédrale et comme Saint-Ouen, trouvé dans l'amour des populations la force de résister aux ravages des guerres et aux outrages des siècles.

Le palais de justice, bâtiment d'un gothique délicat et d'une exécution hardie, vient d'être réparé et reconstruit en partie, sans qu'on ait rien changé au beau modèle sur lequel il avait été d'abord élevé. On y remarque la salle des Pas-Perdus que le cardinal Georges d'Amboise fit construire, afin que les marchands qui, jusque-là, s'étaient, faute d'un lieu plus convenable, réunis dans la cathédrale pour traiter de leurs affaires, n'en profanassent plus la sainteté. Cette salle a cinquante-sept mètres de long sur seize mètres de large. La charpente qui sert de voûte à la salle des assises est un morceau remarquable et peut-être unique dans son genre, elle représente parfaitement la carcasse d'un vaisseau renversé.

Maintenant que nous avons jeté un coup d'œil sur cette grande ville, salué ses monuments, rendu justice à son activité industrieuse et commerciale, effleurons son histoire, qui est, à vrai dire, celle de la Normandie tout entière.

GUILLAUME-LONGUE-ÉPÉE.

Rollon, étant devenu vieux, céda l'autorité à Guillaume son fils, surnommé Longue-Epée. Ce prince eut à combattre Riouf, comte de Cotentin, qui vint, avec quarante mille hommes, demander la souveraineté de la Basse-Normandie. Longue-Épée n'avait que trois cents soldats à opposer à cette armée; cependant il la vainquit et la dispersa. Une des rues de Rouen porte encore, et l'on assure que c'est en mémoire du combat dont elle fut le théâtre, le nom de rue Pré-de-la-Bataille. Guillaume prêta ensuite son secours à Louis d'Outremer, qu'il remit sur le trône de France, dont Raoul l'avait dépossédé. Après avoir accompli cet acte généreux, il s'occupa de faire fleurir dans son duché le commerce et l'agriculture. Il fut bien secondé par ce nouveau peuple, qui se montrait laborieux et intelligent, et qui savait tirer un excellent parti des domaines qu'il avait conquis.

L'abbaye de Jumiéges, si célèbre par la piété et les lumières de ses religieux, avait été détruite lors de l'invasion des Normands; Guillaume la fit reconstruire. Son plus grand désir était d'aller finir ses jours dans cette sainte retraite, après avoir remis à son fils sa couronne ducale; et, malgré les prières de ses plus braves capitaines, malgré les conseils des plus sages évêques, il l'eût réalisé sans doute si la trahison ne l'eût précipité dans la tombe.

Le duc Rollon, le plus grand justicier de son temps, avait été plusieurs fois appelé à prononcer entre les seigneurs ses voisins. Un différend étant survenu entre Arnauld, comte de Flandre, et le comte de Ponthieu, Guillaume se déclara pour celui-ci, et reprit à Arnauld le château de Montreuil dont il s'était emparé. Furieux de cet échec, le comte de Flandre dissimula sa haine et réclama l'arbitrage du duc de Normandie, promettant de s'en rapporter en tout à sa décision. Guillaume ayant accepté le rendez-vous qui lui était proposé, y fut assassiné par les agents d'Arnauld.

C'était, dit la chronique, « un prince bon, valeureux,
» justicier, secourable, fidèle en promesses, et aussi
» pieux dans l'air de la cour que les religieux dans l'in-
» nocence de la solitude.

» Les nouvelles de sa mort firent prendre le crespe à
» toute la Normandie; le clergé, la noblesse et le peu-
» ple le pleurèrent, et témoignèrent, par les pompes
» funèbres et longue suite de deuil, l'amour qu'ils lui
» portaient et le ressentiment de leur perte. Pour luy
» payer le dernier devoir, on fit venir de Bayeux son
» fils Richard, qui, le regret au cœur, les larmes aux
» yeux et le noir aux habits, honora le convoy du corps,
» qui fut déposé en l'église de Nostre-Dame-de-Rouen,
» dans la chapelle dite maintenant de Sainte-Anne. »

Normandie.

RICHARD-SANS-PEUR.

Longue-Epée laissait pour successeur un enfant de dix ans; mais cet enfant était entouré du respect des grands et de l'amour des peuples; car déjà s'annonçaient en lui le courage et la hardiesse qui le firent surnommer Sans-Peur. On a dit bien des fois que l'ingratitude est le vice des rois, et les commencements de ce règne semblent le prouver. Louis-d'Outremer, qui devait sa couronne au duc Guillaume, l'oublia dès que son bienfaiteur fut mort, et voyant le beau duché de Normandie possédé par un enfant incapable de lutter contre lui, il résolut de s'en rendre maître. Au lieu de punir Arnauld, comme c'était son droit et son devoir, puisque les comtes de Flandre étaient vassaux du roi de France, il déclara que ce traître avait bien agi, et ne craignit pas d'écouter ses perfides conseils.

Louis vint à Rouen et fit maintes caresses à Richard, dans le but de s'emparer de sa personne; mais le peuple veillait sur le jeune prince, et une émeute vint avertir le roi qu'il ne serait pas sûr de rien tenter contre lui dans la bonne ville de Rouen. Il l'emmena alors à Evreux comme en triomphe, et de là le conduisit à Laon, pour lui faire partager, disait-il, la bonne nourriture de son fils Lothaire; mais, en réalité, pour le retenir prisonnier. Osmond, gouverneur de Richard, l'avait suivi. Plein de dévouement et de courage, il continua, dans la captivité, l'éducation du jeune prince, comme s'il eût été dans son palais; il lui apprit à manier les armes et à chasser les animaux féroces. Mais cette distraction manqua bientôt à Richard; Louis, craignant qu'il ne lui échappât, le fit garder à vue.

Arnauld conseilla au roi de se défaire de cet enfant, comme lui-même s'était défait de Guillaume; mais Louis recula devant un tel crime, sans toutefois pouvoir se décider à rendre la liberté au petit duc. Alors l'enfant, doué d'une rare intelligence, et brûlant de revoir son pays et tous ceux qui l'aimaient, feignit une maladie et eut le courage de refuser toute nourriture. Quand on le vit si pâle et si faible qu'on eût dit qu'il allait mourir, on ne craignit plus qu'il s'évadât, et la surveillance dont il était l'objet s'endormit. Osmond, profitant d'une fête qui se célébrait au château, entra chez Richard, et, l'ayant enveloppé dans une botte de foin, le plaça sur son cheval et s'enfuit jusqu'à Senlis.

Louis, d'après le conseil d'Arnauld, conclut une ligue avec Hugues, comte de Paris, pour s'emparer de la Normandie; et c'en était fait de ce duché, sans la ruse à laquelle les grands qui entouraient Richard eurent alors recours. Ils envoyèrent vers Louis-d'Outremer, pour lui faire entière soumission, le priant de venir prendre possession de leur ville. Le roi y fit son entrée en grande pompe; mais au milieu du silence de la population qui accusait les seigneurs de lâcheté et d'infidélité, peu s'en fallut que ce brave peuple rouennais ne se soulevât tout entier pour protéger le jeune prince que la noblesse semblait abandonner; mais l'événement prouva que cette ruse à laquelle ils avaient recours valait mieux que la violence. Les seigneurs, en tête desquels il faut citer le comte d'Harcourt, persuadèrent au roi qu'il n'avait pas besoin de l'aide du comte Hugues, puisque la Normandie se donnait volontairement à lui, et lui représentèrent que ce serait grand dommage de morceler cette belle et riche province. Ils firent si bien que Louis écrivit à Hugues qu'il eût à renoncer à son entreprise. Hugues était déjà en Normandie; il fut indigné du manque de parole de son allié, mais il se retira, non sans tout dévaster sur son passage.

Louis ne traita guère mieux cette province, et les Normands, las de ce joug, appelèrent à l'aide leurs frères, les hardis pirates de la Norwége. Harold, leur chef, vainquit le roi de France, le fit prisonnier, et ne lui remit la liberté qu'en recevant comme otages les deux fils de Louis, Lothaire et Carloman.

Le roi se désista de toutes ses prétentions sur le duché, et promit même de prêter en toute occasion secours à Richard, comme à son ami et fidèle sujet.

Cette promesse fut trahie quelques années après ; le duc étant allé à Paris remercier Hugues, qui lui avait offert sa fille, âgée de huit ans, trouva, à son retour, la guerre en Normandie. Louis était soutenu par le comte de Flandre, et l'empereur d'Allemagne. Richard se défendit avec un admirable courage ; Hugues, étant mort, le duc de Normandie prit la tutelle de ses enfants, et épousa Eumacette, qu'il en avait reçue pour fiancée. Rien n'égala la joie de la ville de Rouen et la pompe déployée à l'occasion de ces noces, sur lesquelles le peuple tout entier appelait les bénédictions du ciel.

Richard continua d'être la terreur de ses ennemis, et devint le bienfaiteur de son duché. Il protégea les arts, bâtit l'église Notre-Dame de Rouen, et augenta l'abbaye de Saint-Ouen. Il aida Hugues, son pupille, à substituer aux faibles Carlovingiens la dynastie des Capets, et la réputation de sa justice, de sa sagesse et de sa bravoure s'étendit au loin. Il fit bâtir l'église de Fécamp, et fit creuser son sépulcre non dans l'intérieur de cette église, mais sous une des gouttières du dehors, afin, disait-il humblement, « que la pluie qui tombera lave mon corps sale de tant de péchés. » Par son odre, ce tombeau fut jusqu'à sa mort rempli, chaque vendredi, de froment, qu'on distribuait aux pauvres.

Richard mourut plein de gloire, après un règne de cinquante quatre ans.

RICHARD II. — RICHARD III.

Le caractère de Richard II offre un singulier mélange d'humilité chrétienne et de fierté insolente. Cette fierté alla si loin que le peuple, si dévoué à son père se révolta contre lui. Richard réprima sévèrement la révolte, et fit rentrer dans l'ordre les plus turbulents. Il eut ensuite à combattre Guillaume son frère, le fit prisonnier, et le tint, pendant cinq ans, renfermé dans la tour de Rouen. Désespérant d'obtenir de son vainqueur la liberté après laquelle il soupirait, Guillaume s'échappa du château-fort au risque de sa vie, et marcha sans s'arrêter jusqu'à ce que la faim et la fatigue le jettassent demi-mort au pied d'un chêne de la forêt. Les aboiements d'une meute et le galop d'une nombreuse chasse le tirèrent de son évanouissement; mais avant qu'il eût retrouvé la force de se cacher, il reconnut le duc Richard. Celui-ci, touché de l'état dans lequel il retrouvait son frère, lui tendit les bras et lui fit grâce. Ses deux beaux-frères, Ethelred, roi d'Angleterre, et Eudes, comte de Chartres, occupèrent ses armes; puis il combattit pour le roi de France, en Lorraine et en Bourgogne; mais toutes ces guerres peu importantes n'ont pas jeté beaucoup d'éclat sur son règne.

Il mourut laissant deux fils, Richard et Robert. Le premier lui succéda. C'était un prince brave et juste; mais sa mort prématurée ne lui laissa que le temps de réprimer les ambitieuses entreprises de son frère.

ROBERT-LE-DIABLE.

Ce frère qui lui succéda fut surnommé le Magnifique, mais il est plus connu sous le nom de Robert-le-Diable. Sa jeunesse fut peu édifiante: doué d'un esprit vif, d'un caractère impétueux, d'une valeur indomptable, il ne put supporter aucun joug, et se livra, si l'on en croit les vieux récits, à toutes ses mauvaises passions. Il s'était uni à une foule de vagabonds, s'en était fait reconnaître le chef, et, à leur tête, rançonnait et maltraitait les voyageurs. Il ne respectait rien, et ne tenait compte ni des avertissements des ministres de Dieu, ni du mécontentement de son père, qui l'avait chassé de sa présence.

Cependant le cœur de Robert n'était pas tout à fait perverti, et il le prouva. Un jour qu'il revenait au palais après une longue absence, il rencontra sa mère, et s'avança pour lui baiser la main. La duchesse, en l'apercevant, se détourna pour essuyer ses larmes ; car elle était profondément affligée de la conduite de ce fils, qu'elle aimait. Robert mit un genou en terre devant elle, et la pria de lui confier la cause de son chagrin. Alors la tendre mère lui reprocha doucement ses erreurs, lui représentant le tort qu'il faisait à sa gloire, et lui parla de Dieu, qui, placé bien au-dessus des plus grands de la terre, voit leurs crimes, et les punira plus sévèrement, au jour de sa justice, que les crimes obscurs des pauvres et des petits. Elle joignit à ses remontrances des paroles d'affection et de douces caresses, si bien que Robert fondit en larmes à son tour, et lui jura que désormais nul n'aurait plus à se plaindre de lui.

Il tint parole et commença une vie nouvelle.

Aussi brave que ses aïeux et non moins habile, Robert aida le roi de France, Henri Ier, à triompher des intrigues de la reine Constance, mère dénaturée, qui voulait l'empêcher de parvenir au trône, et il se fit donner, en échange des services rendus par lui dans cette guerre, Pontoise, Chaumont et Gisors.

La paix étant rétablie et le duché florissant, Robert résolut de visiter les saints lieux. Depuis longtemps déjà, pour se reposer de la vie des camps et obtenir le pardon de leurs péchés, les chevaliers se rendaient en Orient. Ce lointain et pieux voyage souriait surtout aux Normands, grands amateurs d'aventures et fervents chrétiens. Le duc Robert ayant souvenir de toutes les fautes de sa jeunesse, manda tous les prélats et les barons de Normandie, et leur fit part du désir qu'il avait d'aller prier sur le tombeau du Christ, et leur fit jurer obéissance à Guillaume, son fils naturel, qui fut appelé depuis Guillaume-le-Conquérant; puis il remit cet enfant à la garde du roi de France, Henri Ier, et partit, suivi d'un grand nombre de seigneurs et de chevaliers.

Leur voyage fut, jusqu'à Rome, une suite de fêtes, et, certes, à les voir si joyeux et si noblement équipés, on ne les eût pas pris pour des pèlerins, mais pour de nobles chevaliers marchant à quelque illustre tournoi. Robert se dirigea vers Rome, car il voulait demander la bénédiction du souverain pontife. Il fut bien accueilli de ce père des fidèles, et reçut de ses mains le bourdon du pèlerinage. De Rome, il se rendit à Constantinople, où sa magnificence étonna l'empereur. C'était l'usage, lorsqu'on allait saluer le prince, de laisser son manteau à la porte du palais. Robert en avait un d'une extrême richesse, tout brodé d'or et de pierreries; il refusa de le reprendre à sa sortie, et ses compagnons l'imitèrent.

La mule du duc de Normandie était ferrée d'or, et quand un de ses fers venait à se détacher, pas un des Normands ne le ramassait, on le laissait aux étrangers. Certes, il n'en fallait pas tant pour mériter à Robert le surnom de Magnifique.

Ce voyage d'Orient avait d'abord été, comme nous l'avons dit, une marche triomphale; mais à mesure qu'on approcha de la Terre-Sainte, la gaieté des guerriers fit place à un religieux recueillement, et leur luxe aux austérités de la pénitence. Arrivé au désert, le duc tomba malade et fut obligé de se faire porter en litière; mais son courage ne l'abandonna pas. Il répandit tant d'aumônes et fit tant de largesses sur son chemin, que l'émir de Jérusalem donna ordre qu'il y fût reçu, sans payer aucun tribu et traité avec hospitalité, lui et sa suite.

Les seigneurs normands étaient pleins de foi; le duc à leur tête, comme aux jours des combats, ils visitèrent les lieux saints avec la plus touchante dévotion. La ferveur de Robert l'avait soutenu jusque-là; mais, son pèlerinage accompli, il s'aperçut des ravages que cette grande fatigue avait opérés en lui, et il comprit qu'il ne reverrait plus son beau duché. Il se remit pourtant en route; mais arrivé à Nice, Il s'arrêta. Ses compagnons,

déso'és, ne pouvaient croire encore qu'il leur fallût se
décider à retourner sans lui dans leur pays; mais Robert, conservant son calme et sa sérénité, les consola,
leur recommanda Guillaume, son cher enfant, et mourut au milieu d'eux.

GUILLAUME-LE-CONQUÉRANT.

Nous voici arrivé à l'époque la plus glorieuse de l'his
toire de la Normandie. Le jeune duc Guillaume, doué
d'une valeur et d'une ambition extrêmes, conçut, dès
que la mort de son père l'eut laissé maître du duché, la
résolution d'exécuter une gigantesque entreprise que
Rollon et ses successeurs avaient rêvée. Cette entreprise
n'était autre que la conquête de l'Angleterre. Tout occupé de ce projet, il fit un voyage sur cette terre qu'il convoitait, et il en revint plus décidé que jamais à l'accomplir.

Après s'être assuré des dispositions de sa cour, après
leur avoir fait à tous des promesses capables de les gagner à sa cause, il fit publier que quiconque voudrait se
ranger sous sa bannière y serait le bienvenu, et rece-
vrait, en attendant le partage des terres qu'on allait
conquérir, une solde plus forte que celle qu'il avait
coutume de payer. Une foule de hardis aventuriers se
rendit à cet appel, et, six mois après, tout fut disposé
pour le départ.

La flotte de Guillaume attendit longtemps un vent favorable, et déjà le découragement commençait à s'emparer de cette armée, qui regardait cette tempête comme
un sinistre augure. Le duc s'en aperçut, et fit tout ce
qu'il put pour combattre ce découragement qui l'ef-
frayait; il n'y réussissait pas; chaque jour il se flattait
de pouvoir mettre à la voile, et chaque jour le vent le
clouait dans le port. On parlait déjà tout bas de l'aban-

donner, lorsqu'il ordonna que les reliques de saint Valery fussent portées processionnellement autour du camp. A peine les moines de Saint-Valery eurent-ils déféré aux volontés du prince, au milieu des ferventes prières de toute l'armée, que les nuages se dissipèrent, et qu'une brise favorable s'éleva. Fier et joyeux de ce succès, Guillaume en profita sans retard, et bientôt sa flotte, composée de quatre cents navires, parut en vue de l'Angleterre.

Toute la population de l'île avait couru aux armes, à la nouvelle du péril qui la menaçait, et, résolue à bien se défendre, elle attendait sous les ordres du roi Harold, l'arrivée des Normands.

Le 28 septembre 1066, cette flotte débarqua sur les côtes de Sussex. En mettant pied à terre, Guillaume trébucha et tomba à la vue de son armée. Cette chute eût pu être interprétée comme un mauvais présage; mais le duc s'écria : Terre, je te tiens de mes deux mains, et tant qu'il y en a, mes amis, elle est à vous, par la grâce de Dieu.

Ce cri jeta l'enthousiasme dans tous les cœurs, et, sans le laisser refroidir, Guillaume marcha à la rencontre des Anglo-Saxons. Ceux-ci, de leur côté, le cherchaient, et les armées se trouvèrent en présence à Hastings. Les Normands passèrent la nuit en prières; au point du jour, l'évêque de Bayeux, frère de Guillaume, célébra la messe, à laquelle l'armée assista pieusement; puis le signal du combat fut donné.

Les Anglo-Saxons étaient braves, et leur chef Harold combattit en désespéré; aussi les Normands, repoussés et découragés par la fausse nouvelle de la mort de leur duc, allaient se débander, quand Guillaume accourut. Comprenant alors qu'ils ne pouvaient triompher des Anglais, s'il ne parvenait à les attirer hors des formidables retranchements qu'ils s'étaient élevés, ordonna à une partie de ses soldats de fuir du côté de leurs vaisseaux, tandis qu'il feindrait de ne pouvoir les rallier. Cette ruse lui réussit. Harold, emporté par sa belliqueuse ardeur, s'élança à la poursuite des fuyards; ses troupes

—

l'imitèrent, et Guillaume se repliant alors sur les ennemis, le carnage commença. Harold et ses deux frères
furent tués ; malgré cette perte, les Anglo-Saxons se défendirent jusqu'à la nuit avec un courage admirable, et,
la nuit venue, ce qui restait de leur armée se dispersa.

Guillaume n'avait pu désirer un succès plus complet ;
pour en rendre grâce à Dieu, il voulut qu'un monastère
fût établi au lieu où s'était livrée cette grande bataille,
et il ordonna aux religieux de prier pour les morts, aussi
bien pour les Saxons que pour les Normands. Il permit
aux femmes et aux mères des soldats vaincus de rendre
les derniers devoirs à ces victimes du sort des armes, et
chassa honteusement de son armée un guerrier qui avait
osé frapper de sa lance le cadavre du roi Harold.

A l'exemple de Rollon, conquérant de la Normandie,
Guillaume, vainqueur de l'Angleterre, rendit de sévères
arrêts pour interdire à ses soldats le pillage, le meurtre
et l'incendie, et déclara que le peuple Anglo-Saxon serait désormais son peuple.

Mais les seigneurs normands , compagnons de Guillaume, et les seigneurs étrangers qui avaient prêté
leur aide, ne se crurent point obligés par ses édits, et
ils exercèrent dans ce pays conquis toutes sortes de vio-
lences. Le duc de Normandie leur en donna lui-même
l'exemple en se montrant impitoyable pour la moindre
offense, et en pressurant tant qu'il le put ses nouveaux
sujets pour en obtenir de l'or; car il aimait presque autant l'or que la gloire.

En peu de temps la plus grande partie de l'Angleterre
fut soumise à Guillaume, et il fut proclamé roi. Alors
s'effectua le partage qu'il avait promis à ceux qui l'avaient
aidé dans sa conquête : les Anglo-Saxons furent dépouillés de tout ce qu'ils possédaient, non-seulement de
leurs terres, mais de leurs femmes, que beaucoup d'a-
venturiers prirent pour épouses, et de leurs enfants
dont les vainqueurs firent des esclaves.

A chaque portion de terre ainsi donnée par le roi fut
attaché un titre de noblesse, et telle fut l'origine de l'a-
ristocratie anglaise.

Guillaume, après avoir divisé sa conquête et organisé ce nouveau royaume, repasse en Normandie, où l'attendait l'attention de ses premiers sujets. Nul ne pourrait dire quel accueil enthousiaste il y reçut; il revenait si glorieux et si riche ! Mais bientôt une révolte des Anglo-Saxons le rappela dans leur île; après les avoir vaincus, il leur promit des lois plus justes et une administration paternelle. Les uns se soumirent, mais les autres, sous la conduite d'un neveu du roi Harold, allèrent s'enfermer dans la ville d'Exeter, résolus à s'y défendre jusqu'à la mort.

Guillaume perdit à ce siège ses meilleures troupes; mais, en proie à une horrible famine, la ville ouvrit enfin ses portes. Les Saxons furent massacrés, et ceux qui parvinrent à s'enfuir gagnèrent l'Ecosse où restèrent dans les montagnes. Il fut permis à chacun de leur faire la chasse, et on ne les désigna plus que sous le nom de Têtes-de-Loup.

Quelques revers succédèrent à tant de victoires; les Saxons avaient appelé les Danois à leur aide, et Guillaume acheta à prix d'or le commandant de la flotte venue pour secourir ses ennemis. Ce secours devint inutile, et les Normands, recouvrant l'avantage, firent payer cher à ce malheureux pays sa résistance désespérée. Après la guerre vint la famine : les Normands auxquels le duché envoyait des vivres, ravageaient les terres saxonnes, et les vaincus furent réduits à se nourrir de cadavres; on vit même plus d'un noble saxon se vendre pour procurer quelque soulagement à sa famille et ne pas mourir de faim lui-même.

Un moine normands, un simple religieux de la Croix, saint Leufroi, donna un bel exemple de désintéressement et de courage. Guillaume, qui avait dépossédé tous les évêques et les abbés saxons, offrit à Guimond (c'était le nom de ce moine) un riche archevêché. « Comment pourrais-je, seigneur, répondit le digne serviteur de Dieu, devenir le père spirituel de ces malheureux Saxons dont je ne connais pas même la langue, et qui ne pourraient avoir pour moi des sentiments de fils, puisque tous ceux

qu'ils aimaient sont morts sous le glaive normand ?
Laissez-moi donc retourner à mon couvent; car votre
Angleterre, ainsi écrasée et couverte de sang, me fait
horreur. »

Une nouvelle trahison des Danois vint anéantir les
dernières espérances des Saxons et permettre à Guillaume de repasser en Normandie. Son ambition semblait
grandir avec le succès; il attaqua le comte du Maine et
le dépouilla de ses Etats.

A peine l'Angleterre fut-elle domptée et quelque peu
pacifiée que Guillaume eut à lutter contre son fils Robert. Ce prince, voyant son père en possession d'un
royaume, voulait qu'on lui cédât le duché de Normandie. Guillaume n'y consentit point, et, indigné de l'audace de Robert, il le chassa de sa cour. Robert alors parcourut diverses provinces, et mena telle vie que son
père, ne pouvant écouter patiemment les rapports qui
lui en étaient faits, se mit en route pour l'aller châtier.

Ils se rencontrèrent et se battirent sans se connaître,
et revêtus qu'ils étaient tous deux de leurs armures de
fer, et Robert blessa Guillaume. Alors le fils, reconnaissant la voix de son père, s'enfuit, plein d'horreur de ce
qu'il venait de faire, et obtint plus tard son pardon.

Au plus haut point de gloire et de prospérité, Guillaume n'était pas heureux : le remords des rigueurs
qu'il avait exercées contre les Saxons troublait ses jours
et ses nuits. Pour y faire trêve, il revint en Normandie,
où l'attendait un tout autre spectacle que celui de cette
terre désolée. Mais il n'en put jouir; à peine arrivé dans
son palais de Rouen, il tomba malade. Cette maladie
était un embonpoint extrême que les fatigues du guerrier et les soucis du fondateur d'un royaume n'avaient
pu empêcher de se développer. Son esprit toutefois avait
conservé la vigueur dont manquait son corps, et, tout
malade qu'il était, il envoya sommer le roi Philippe 1er
de lui rendre le Vexin dont la France s'était emparée.

Philippe, qui était en joyeuse humeur, répondit aux
réclamations des envoyés en leur demandant quand donc
accoucherait ce gros homme.

Le mot fut répété à Guillaume. « J'irai, répondit-il, faire mes relevailles à Notre-Dame de Paris, avec dix mille lances en guise de cierges. »

Dès qu'il fut rétabli, il se mit en route, dévastant tout sur son passage. Il arrive à Mantes, s'en empare et la met à feu et à sang. Lui-même, ivre de colère et de vengeance, se repaît de la vue de ces ruines; mais tout-à-coup son cheval, qu'il pousse à travers l'incendie, s'abat sous lui et le blesse grièvement.

On le ramena à Rouen; mais il se fit transporter dans un monastère voisin de la ville, où il mourut au bout de six semaines, après avoir rendu la liberté aux prisonniers saxons et envoyé quelques aumônes en Angleterre.

La nouvelle de cette mort jeta le peuple normand et la ville de Rouen surtout dans une consternation profonde que l'effroi causait en grande partie. Guillaume avait accompli tant de mémorables actions, fait tant de conquêtes, administré si fermement ses États, que ses sujets se demandaient en tremblant ce que, lui mort, ils allaient devenir. Dans cette anxiété, il y avait bien peu d'amour pour le défunt: car pas un prince ne mourut plus délaissé. Ses serviteurs emportèrent, dit-on, jusqu'à la couverture de son lit et abandonnèrent son cadavre.

Guillaume, archevêque de Rouen, fut le seul qui songea à lui rendre les derniers devoirs. Après l'avoir enseveli, il fit transporter son corps dans une barque et l'accompagna jusqu'à Caen, que le duc-roi avait désigné pour sa sépulture. Au moment où ce corps allait être déposé dans la fosse, un homme s'avança et somma les évêques présents de lui payer ce coin de terre, ou de reconnaître, par un acte en bonne forme, que le roi Guillaume était enseveli dans sa propriété, l'église ayant été bâtie sur un terrain appartenant à son père. Les évêques payèrent la somme exigée.

Ainsi le duc-roi, qui avait conquis tant de provinces, ne possédait pas le coin de terre où il allait être inhumé.

GUILLAUME-LE-ROUX.

Les trois fils du Conquérant avaient abandonné le lit de leur père mourant. Guillaume-le-Roux, le second de ses fils, ayant eu le premier la nouvelle de la mort qu'ils attendaient, courut en Angleterre, et se fit proclamer roi par les Saxons, auxquels il promit de rendre leurs anciennes coutumes et la prospérité de leur pays.

Robert, son aîné, fut, de son côté, reconnu par les Normands, et une guerre en résulta. Mais 'elle dura peu, elle se termina par cette convention, que le duché appartiendrait à Robert, la couronne d'Angleterre à Guillaume, et que celui des deux frères qui survivrait à l'autre serait son unique héritier.

Une fois paisible possesseur de cette couronne, Guillaume oublia que les Saxons l'avaient aidé à s'en saisir, et leur misère redoubla. Heureusement son règne ne fut pas long : il périt à la chasse, sans qu'on puisse dire comment.

C'était une croyance des Saxons, que tout Normand qui pénétrait les armes à la main dans une forêt anglaise y était frappé de mort. Un jour, au sortir d'une orgie, Guillaume voulut chasser un cerf dans la Forêt-Neuve, dont on lui avait si étrangement parlé. Ses compagnons de plaisir l'y suivirent. Au moment où il allait y entrer, un moine le supplia de ne pas aller plus avant, en lui disant que la nuit précédente, il l'avait vu en songe cité au tribunal de Dieu. Le roi, sans prendre souci de cet avis, piqua sa monture; mais il ne sortit pas de la forêt. Les seigneurs, frappés de terreur, l'abandonnèrent, et deux bûcherons qui passaient recueillirent son corps.

HENRI Iᵉʳ.

L'héritage de Guillaume revenait de droit à Robert, duc de Normandie; mais ce prince, ayant pris part à la première croisade, était en Palestine lors de la mort du roi. Le troisième fils du Conquérant profita de cette absence : il passa en Angleterre et fit ce qu'avait fait Guillaume-le-Roux. Pour donner aux Saxons, trompés par son prédécesseur, une garantie de ses promesses, il épousa la princesse Édith, fille du roi d'Écosse. Quand Robert reparut, Henri avait su affermir la couronne sur sa tête, et il n'était rien moins que disposé à s'en dessaisir. Robert appela à l'aide ses barons normands, leva une armée, et, franchissant le détroit, vint réclamer ses droits. Il n'y eut pas de combat; les Normands étaient trop prudents pour s'entre-détruire et devenir ensuite la proie des Saxons; ils négocièrent, et, moyennant une certaine somme, Robert se désista de ses prétentions, et promit de se contenter de son duché de Normandie.

C'était encore une bien belle part, si belle qu'elle ne tarda pas à tenter le roi d'Angleterre. Robert était un pieux chevalier, bon, généreux, hardi, spirituel; mais, trop ami du plaisir, il négligea l'administration de ses États, et fit des mécontents. Plusieurs émeutes éclatèrent, fomentées secrètement peut-être par Henri, qui accourait aussitôt pour les apaiser, dans le but d'habituer les Normands à son autorité. Quand il crut enfin le moment favorable, il leva une armée, débarqua sur le continent, mit en fuite les troupes de son frère, et, l'ayant fait prisonnier, l'emmena en Angleterre, et l'enferma au château de Cardiff, après lui avoir, dit-on, fait crever les yeux.

La France voulut s'opposer à ce que la Normandie appartînt au roi d'Angleterre; les comtes d'Anjou et de Flandre se déclarèrent pour le duc Robert; Henri désarma la France, ainsi que l'Anjou et la Flandre. Il trouva des ennemis dans sa propre maison ; mais il sut déjouer leurs intrigues, et, pour assurer après lui la paix de ses États, il fit reconnaître par les seigneurs son fils Guillaume, qu'il venait de marier à la fille du comte d'Anjou.

Arrivé au comble de la prospérité, il voulut revoir l'Angleterre. La cour était sur le point de s'embarquer, lorsqu'un batelier normand se présenta devant le roi.

— Je suis Thomas, fils d'Étienne, lui dit-il. Mon père a conduit dans sa barque le roi Guillaume, votre père, lorsqu'il partit pour combattre les Saxons, et je viens, comme c'est mon droit, vous offrir la Blanche-Nef, dont je suis le patron, pour vous conduire en votre royaume d'Angleterre.

Thomas était un habile et honnête marin, et Étienne avait, en effet, conduit le Conquérant en Angleterre : Henri ne pouvait donc rejeter sa prière. Toutefois il répondit que comme il avait son vaisseau, il le monterait ; mais qu'il confierait sans crainte au patron de la Blanche-Nef Guillaume et Richard, ses fils, ainsi que ses filles.

Ce fut une grande joie pour les jeunes princes et pour les princesses, et le voyage devint une véritable partie de plaisir ; car on allait être libre de se livrer, loin des yeux du roi, à toute sa gaîté. Les plus jeunes et les plus brillants seigneurs de la cour prirent place sur la Blanche-Nef, qui se mit à suivre le vaisseau royal.

La plus grande joie y régnait quand, ô malheur ! le bâtiment heurta un écueil. Le choc fut si violent, que la carène s'entr'ouvrit. La mer s'y engouffra avec tant de rapidité qu'il fut impossible de lui rien opposer. Un cri terrible s'échappa de la Blanche-Nef et vint frapper les oreilles du roi ; mais de si loin qu'il le prit pour un cri de joie.

— Entendez-vous comme mes enfants s'amusent ? dit-il aux seigneurs qui l'entouraient.

Ce fut une affreuse nouvelle à lui apprendre que la mort de tout ce qu'il aimait ; un seul des passagers de la Blanche-Nef fut sauvé, et put raconter les détails de cette catastrophe. Thomas avait nagé pendant quelques instants ; il eût pu se sauver ; mais quand il vit que les fils du roi étaient morts, il se laissa aller au fond de la mer.

Le deuil des Normands fut sincère, le jeune Guillaume donnant les plus belles espérances ; mais la douleur du roi surpassa tout ce qu'on en pourrait dire. Guillaume Cliton, fils du duc Robert, inquiéta alors Henri Ier, soutenu qu'il était par la France et l'Anjou ; Henri le vainquit, et voulant disposer de sa succession, il maria sa fille Mathilde, veuve de l'empereur d'Allemagne, à Geoffroi Plantagenet, fils du comte d'Anjou, avec lequel il s'était réconcilié.

Henri revint en Normandie pour faire célébrer ce mariage, et il conféra à son gendre l'ordre de la chevalerie, dans la capitale de son beau duché, qui fut alors le théâtre de fêtes et de splendides réjouissances.

Mais cette union, qui avait donné tant de consolation à Henri Ier, ne tarda pas à devenir pour lui un sujet de nouvelles douleurs. Geoffroi Plantagenet n'avait que seize ans, Mathilde en avait trente ; elle était de plus l'héritière présomptive du trône d'Angleterre et la veuve d'un empereur : il lui était difficile de plier sur son caractère et d'obéir à ce jeune prince, que la politique de son père lui avait donné pour époux. Son humeur hautaine lassa bientôt Geoffroi, qui, sans garder le moindre ménagement, la chassa de la cour, et la princesse revint à Rouen. Non content de cet acte étrange, il réclama du roi Henri la possession de la Normandie tout entière, leva une armée, et déclara qu'il la prendrait, si l'on s'obstinait à la lui refuser.

Henri, que la vieillesse et les chagrins n'avaient pas abattu, ne pouvait consentir à détacher de sa couronne ce duché de Normandie, qui en était le plus beau fleuron : il quitta l'Angleterre, et marcha contre Geoffroi, qu'il força de renoncer à ses prétentions.

La même année (1135), Henri mourut, ayant fait reconnaître pour reine sa fille Mathilde, et avoir exigé que les seigneurs prêtassent serment non-seulement à cette princesse , mais au jeune Henri , fils de Mathilde et de Geoffroi Plantagenet.

GUERRES CIVILES. — ÉTIENNE ET MATHILDE.

Malgré toutes les précautions prises par Henri Ier pour assurer à sa fille la paisible possession de son trône, sa mort fit tomber sur l'Angleterre et sur la Normandie le fléau de la guerre civile.

Étienne de Blois , neveu de Henri , usurpa la couronne au préjudice de Mathilde , et se fit reconnaître en Angleterre par les barons et les évêques. Il en était lui-même un des plus riches seigneurs , et, mettant à profit cette fortune , il rassembla autour de lui une armée de soldats mercenaires , qui , sous le nom de Brabançons, se sont fait une réputation de cruauté et de brigandage. C'étaient des gens sans foi, sans loi, ne craignant ni Dieu ni l'enfer , ne connaissant que le meurtre, le pillage et l'incendie.

La princesse Mathilde leva , de son côté, une armée nombreuse , à la tête de laquelle elle marcha pour reprendre la Normandie d'abord , et l'Angleterre ensuite. Alors les belles et fertiles campagnes du beau duché furent couvertes de sang et de ruines, et Geoffroi, y pénétrant avec de nouvelles forces , vint mettre le comble à ses désastres.

Le peuple normand , essentiellement ami de l'ordre et du travail, laborieux et sage, qui faisait produire à cette terre de magnifiques récoltes , s'indigna bientôt de voir ses arbres abattus, ses maisons brûlées, ses blés foulés sous les pieds des chevaux , et l'argent qu'il avait lentement amassé devenir la proie de soudards insolents. Une immense révolte s'organisa dans la province , chaeux s'arma de ce qu'il put trouver, et ces paysans indomptés osèrent s'attaquer aux chevaliers et aux hommes d'armes couverts de fer. Ils les pressèrent avec tant de vigueur et renouvelèrent avec tant de persévérance leurs furieuses attaques que Geoffroi fut obligé de repasser dans son comté d'Anjou.

Mathilde passa ensuite en Angleterre, et, soutenue par le comte de Glocester, son frère, elle battit Étienne, et le fit prisonnier. Elle le traita, dit-on, avec une extrême dureté. Délivré peu de temps après, Étienne prit sa revanche, et Mathilde, abandonnée de ses partisans, s'enfuit jusqu'à Londres, où elle se vit en butte aux huées de la multitude. Poursuivie par Étienne, elle était réduite aux dernières extrémités, quand on apprit que Geoffroi Plantagenet était venu mettre le siège devant Rouen, qui lui avait ouvert ses portes, et que la citadelle, qui tenait pour Étienne, venait aussi de capituler.

Le roi de France, Louis VII, s'était déclaré en faveur de Geoffroi, et bientôt toute la Normandie lui fut soumise. Mathilde vint le rejoindre avec le jeune Henri.

HENRI II.

Cet enfant devait arriver au plus haut degré de puissance qu'il fût permis à un roi d'Angleterre de rêver. Reconnu pour le duc de Normandie et d'Anjou, il était l'un des plus puissants seigneurs du continent. Un seul, peut-être, était au-dessus de lui, Guillaume, duc d'Aquitaine. Ce duc d'Aquitaine, après avoir mené joyeuse et folle vie, après avoir pris part à la cruelle dévastation de la Normandie, conçut un grand regret de toutes ses fautes, et résolut de les expier par une sévère pénitence.

Il assembla les évêques et les seigneurs de son duché, leur fit part de sa décision, et fit un testament par lequel

Il exprimait le désir que sa fille Éléonore, l'une des plus belles princesses de son temps, devint l'épouse de Louis VII, roi de France.

Outre sa merveilleuse beauté, Éléonore apporta à son mari un trop riche héritage pour qu'une telle offre fût rejetée. Ce mariage se fit donc, et le duc Guillaume étant mort, au retour d'un pèlerinage fait à Saint-Jacques de Compostelle, ses États furent réunis à la couronne de France.

La chevalerie était alors dans tout son éclat, et déjà elle commençait à adoucir les mœurs, à faire pénétrer dans les esprits grossiers du temps des idées élevées, et à admettre au cœur des farouches guerriers les sentiments de justice, de bonté, de générosité commandés par l'Évangile.

La chevalerie fut l'une des plus nobles et des plus belles institutions : elle fit un devoir aux forts de protéger les faibles, de défendre les opprimés, de consacrer leur vie et leurs biens au soutien de la religion et de l'innocence.

Guerrière et religieuse à la fois, elle unit, par des serments solennels et soumit à de rigoureux statuts ceux qui briguèrent l'honneur d'y être admis ; aussi peut-on dire qu'elle fut la plus puissante civilisatrice de ces siècles de barbarie. Elle imprima un noble élan à toutes les intelligences et à tous les courages, accomplit des actes dignes des héros de l'antiquité, inspira d'admirables dévoûments, amena d'utiles découvertes, et donna naissance à la littérature et aux beaux arts.

Une des plus merveilleuses entreprises de la chevalerie porta jusqu'au fond de l'Orient la gloire du nom chrétien : nous voulons parler des Croisades, gigantesques expéditions, conçues par l'enthousiasme du fidèle autant que par l'ardente valeur du guerrier, expéditions souvent blâmées, qui pourtant ont eu l'inestimable avantage d'apaiser les querelles des grands seigneurs, en les réunissant tous contre l'ennemi commun, et de faire goûter aux peuples les douceurs d'une paix qu'ils ne connaissaient plus depuis longtemps.

Une croisade avait eu lieu déjà en 1095, sous le règne de Philippe Ier ; ce prince, livré aux plaisirs, n'y avait point pris part ; mais, commandée par le pieux et vaillant duc Godefroi de Bouillon, elle avait eu pour résultat l'établissement d'une royauté chrétienne dans la sainte ville de Jérusalem. Godefroi porta le premier le titre de roi qu'il avait si bravement conquis ; ses successeurs défendirent le nouveau royaume contre les entreprises des mahométans ; mais insensiblement leur autorité s'affaiblit par les intrigues des ambitieux, et le peu d'union de leurs sujets, dont la plupart n'étaient qu'un vil ramas d'aventuriers qui, las de guerroyer en Europe, avaient suivi les chevaliers en Palestine, animés par l'espoir du pillage ou le désir de voir du nouveau.

Les musulmans prirent alors leur revanche ; ils attaquèrent le roi de Jérusalem Foulques d'Anjou, le père de Geoffroi Plantagenet, lui tuèrent trente mille hommes, et en enlevèrent vingt mille autres qu'ils firent prisonniers.

Les cris de détresse jetés par les chrétiens d'Orient arrivèrent en Europe, et touchèrent profondément quiconque avait de la foi et du courage. Un homme d'une admirable éloquence et d'une sainteté plus admirable encore, Bernard, l'illustre abbé de Clairvaux, fut chargé de prêcher une seconde croisade. Il parcourut l'Europe ; à sa voix, d'innombrables armées se levèrent sous la bannière de deux chefs puissants, l'empereur d'Allemagne et le roi de France.

Louis-le-Jeune prit la croix, pour expier une faute qui lui avait mérité l'excommunication. Thibaud, comte de Champagne, s'était révolté contre lui, au commencement de son règne ; le roi s'étant emparé de Vitry, l'une des villes du vassal révolté, n'écouta que sa colère, et mit le feu à l'église, où treize cents personnes qui avaient cru trouver dans le lieu saint un asile inviolable, périrent en le maudissant. Le remords n'avait pas tardé à se faire sentir au cœur du prince, et à défaut de remords, les foudres de Rome l'en eussent puni. Il

résolut donc d'aller implorer, sur le tombeau du Christ,
le pardon de cette cruelle vengeance, et, malgré l'ami
de Suger, abbé de Saint-Denis, qui lui disait que sa
présence était nécessaire en France, et que la volonté
de Dieu était, sans doute, qu'il y restât, et qu'il s'oc-
cupât du bien de ses peuples, il fit ses préparatifs de
départ.

La reine voulut le suivre, et ce voyage armé fut une
fête et un triomphe. Mais arrivé en Orient, Louis vit
les choses changer de face. Harcelé par une multitude
d'ennemis, manquant de vivres et d'eau au milieu des
déserts brûlants, il perdit plus de la moitié de son
armée; lui-même courut plus d'une fois risque de la vie,
et faillit tomber entre les mains des infidèles. Un grand
courage le soutenait; il faisait chaque jour des prodiges
de valeur, qui ne changèrent point la face des choses,
et dont la reine ne lui sut aucun gré. Au lieu de le conso-
ler de ses désastres et de soutenir ses espérances, ou du
moins de lui donner un utile conseil, elle s'éloigna de
ce prince, qu'elle n'avait aimé que pour l'éclat qui l'entourait. Triste de cet abandon, Louis reprit avec elle le
chemin de ses Etats, laissant en Orient les débris de
son armée. Autant le départ avait été gai et splendide,
autant le retour le fut peu, et quand les deux époux
revirent la France, ils étaient si fatigués l'un de l'autre,
qu'ils résolurent de se séparer.

Ils se souvinrent alors qu'ils étaient parents, et in-
voquèrent les règlements d'après lesquels cette parenté
rendait leur mariage nul, et, portant cette affaire au
pape, ils le supplièrent de briser ces nœuds illicitement
formés. Pour la seconde fois, l'habile et vertueux Suger
osa n'être pas de l'avis de son roi, et le conjura d'oublier
les sujets de mécontentement que pouvait lui avoir donnés la reine; il ne fut point écouté, et le divorce ayant
été obtenu, les époux recouvrèrent leur liberté.

Eléonore quitta la cour, et il fallut lui rendre les belles
provinces qu'elle avait apportées en dot. Beaucoup de
princes ne l'eussent pas fait, le juste mais imprévoyant
Louis ordonna à ses troupes d'évacuer l'Aquitaine, dont

l'ex-reine redevint maîtresse. Aussitôt les grands seigneurs sollicitèrent sa main. Henri Plantagenet l'em-
porta sur ses rivaux, et s'étant rendu en Aquitaine en
même temps qu'Eléonore, il l'épousa malgré la défense
de Louis-le-Jeune, qui comprit alors combien sa résistance aux avis de Suger avait été impolitique.

En effet, par ce mariage, Henri, déjà maître, comme
nous l'avons dit, de la Normandie et de l'Anjou, se trouva
possesseur du Maine, du Poitou et de la Guienne, c'est-
à-dire plus puissant que le roi de France lui-même. Ce
n'est pas tout, il attendait la couronne d'Angleterre,
Etienne II, fils d'Etienne de Blois, l'ayant désigné pour
son successeur.

Louis-le-Jeune, qui s'était flatté de l'intimider, entra
dans une grande fureur quand il apprit qu'Eléonore était
la femme du Plantagenet, et il jura de lui enlever tout
ce qu'il possédait en France. Il se mit aussitôt à la tête
de son armée; mais Henri, qui partait pour l'Angleterre,
revint sur ses pas, ravagea le Vexin, et repoussa les
troupes du roi jusqu'à Mantes; puis il reprit sa route, et
arriva en Angleterre avec sa jeune épouse.

L'état de ce royaume était alors déplorable : les Normands avaient continué d'opprimer les Saxons, l'autorité
royale n'y était point respectée, et les guerres d'Etienne
et de Mathilde avaient ruiné le pays. Depuis long-temps
déjà ces peuples épuisés jetaient les yeux sur Henri,
dont la jeunesse studieuse et modérée donnait les plus
belles espérances, et qui avait hérité de toute la valeur
de ses aïeux. Aussi quand arriva la mort d'Etienne, il
fut reconnu sans opposition. Mathilde vivait encore; il
lui donna une grande autorité, et sut obéir à tous les
sages conseils que lui dicta son habileté, secondée de sa
tendresse maternelle. Il renvoya les milices étrangères,
fit démolir les châteaux-forts, d'où les seigneurs bravaient
l'autorité du roi, protégea les pauvres Saxons contre la
rapacité des barons normands, et fit respecter les lois,
dont personne ne se souciait. Non-seulement l'Angleterre, mais la Normandie avait grand besoin d'un règne
ferme; elle souffrait de la famine, inévitable suite des

longues guerres , et la belle ville de Rouen avait été la proie d'un terrible incendie.

Henri II montra une infatigable valeur, soumit les provinces indomptées , et agrandit encore ses domaines sur le continent. Le roi Louis-le-Jeune, non moins brave, mais trop fléchi , trop peu sage pour lutter avec lui avec avantage, après quelques défaites, conclut un traité par lequel il reconnaissait Henri pour duc de Normandie, et ses fils , pour maîtres du Maine, de l'Anjou et de la Guienne, et par lequel il donnait à l'aîné de ces princes, sa fille Marguerite, encore au berceau.

Cette paix signée, les deux rois se visitèrent, et se donnèrent de splendides fêtes. Henri vint d'abord à Paris ; puis Louis se rendit à Evreux. De là tous deux allèrent faire leurs dévotions à l'abbaye du Mont-Saint-Michel , abbaye construite par Richard-sans-Peur, et transformée depuis en une prison d'état.

Ce pieux pèlerinage accompli, Louis et Henri vinrent à Rouen , où était élevée la jeune Marguerite. La capitale de la Normandie entra dans une grande joie en voyant si unis deux princes dont la jalousie avait causé de si terribles appréhensions. Les fêtes les plus brillantes se succédèrent dans cette ville, et le roi de France la quitta avec regret pour retourner à Paris.

Henri employa utilement les loisirs de la paix ; il s'occupa de l'administration de ses vastes domaines , bâtit des églises et des monastères , construisit des routes et fonda des hôpitaux. Il passait sans cesse d'Angleterre en Normandie et de Normandie en Angleterre, veillant à tout , et inspirant à tous tant de respect ou de crainte, que nul ne fut jamais mieux obéi.

Parvenu à un haut degré de puissance et de gloire, il ne sut pas rester irréprochable. Henri avait été élevé avec Thomas Becket , fils d'un Saxon et d'une mahométane. La plus étroite amitié avait uni leur enfance, et quand le Plantagenet arriva au trône, Thomas devint son favori. C'était un jeune homme d'un esprit brillant, un savant ambitieux et un habile courtisan. Personne à la cour ne l'égalait en magnificence, et le roi, qui trouvait en lui un compagnon dévoué à ses intérêts comme à ses plaisirs, le comblait de biens et d'honneurs. Il l'éleva à la dignité de chancelier, sans égard à l'origine saxonne qui devait l'éloigner de tous les emplois ; et, non content de cette haute fortune qu'il lui avait donnée, il songea à le placer plus haut encore.

Depuis long-temps Henri dont les coffres étaient vides, quoiqu'il eût imposé Normands et Saxons, convoitait les grandes richesses dont Guillaume-le-Conquérant avait doté l'Eglise ; mais les lui enlever était sinon possible, du moins fort difficile. Tous les évêques de l'Angleterre dépendaient de l'archevêque de Cantorbéry, dont l'autorité dans l'île égalait celle du pape sur l'univers chrétien. Henri comprit que, pour parvenir à exécuter son dessein, il avait besoin d'avoir dans ce prélat un auxiliaire assuré; il songea à revêtir de ce caractère sacré son ami Thomas Becket, qu'il considérait comme lui appartenant corps et âme.

Malgré les avis des plus sages conseillers, Henri offrit à Thomas cet archevêché, qui allait l'investir d'une autorité toute-puissante. Celui-ci fut effrayé d'une telle faveur et la refusa ; le roi insista, et Thomas lui dit: — Prenez garde, sire ! Quand vous m'aurez fait archevêque, je deviendrai votre plus cruel ennemi.

Henri tenait à ce qu'il avait résolu, et Thomas fut élevé à l'épiscopat. Mais alors une complète métamorphose s'opéra en lui; autant il avait été brillant et prodigue, autant il devint économe des trésors de l'Eglise, qu'il comprit être le patrimoine des pauvres ; autant il avait aimé et recherché le plaisir, autant il se renferma dans la solitude d'une vie austère et studieuse ; autant il avait été l'ami et le flatteur du roi, autant il devint le protecteur des faibles et le soutien des opprimés. Il renonça à sa charge de chancelier, déclarant que la charge d'âmes qu'il avait forcément acceptée était déjà bien assez lourde, sans qu'il eût à répondre des affaires de l'Etat.

Quand Henri vit qu'il prenait au sérieux le ministère

dont il était investi, sa surprise égala sa colère, et Thomas ayant persévéré dans la conduite qu'il s'était tracée, cette colère dégénéra en une haine violente.

Une lutte s'engagea donc entre l'archevêque et le roi, qui sut rattacher à sa cause la plus grande partie des évêques. Ceux-ci, se souvenant qu'ils étaient Normands et que Thomas était Saxon, agirent en cela d'après les inspirations des ressentiments politiques. Henri obtint qu'ils souscrivissent à des ordonnances qui conféraient aux rois d'Angleterre des pouvoirs presque illimités, et qui privaient les serfs du recours aux tribunaux religieux, qui jusque-là les avaient seul protégés contre la tyrannie et l'injustice de leurs seigneurs.

L'archevêque de Cantorbéry s'éleva seul contre ces nouvelles lois, et défendit éloquemment les droits de l'Église et les droits non moins sacrés des pauvres, enfants de Dieu aussi bien que les barons et les rois. Henri voulut s'emparer de ce prélat qui lui résistait avec tant de courage : Thomas s'enfuit et passa en France sur une barque de pêcheur. Quand le roi apprit que sa vengeance lui échappait, il entra dans une extrême fureur; il confisqua ses biens, dépouilla et chassa tous les membres de sa famille, en leur enjoignant d'aller montrer à Thomas ce que leur avait valu sa résistance. Le prélat, tout en prenant part à leurs douleurs, resta ferme dans la noble voie qu'il avait embrassée; il fut également sourd aux promesses et aux reproches du roi, pour n'écouter que sa conscience.

L'Europe entière admirait son généreux dévouement; lui, priait et se résignait d'avance à tout ce qu'il pouvait attendre de la vengeance d'Henri. Cette vengeance était à redouter; car le roi se montrait depuis quelque temps d'une cruauté digne des temps les plus féroces. Le roi de France avait donné asile à Thomas dans l'abbaye de Saint-Omer; les religieux, craignant la fureur d'Henri, l'en chassèrent; mais, tout fugitif qu'il était, il faisait encore trembler le roi d'Angleterre.

Henri s'adressa au pape, au roi de France, à l'empereur d'Allemagne, à toutes les puissances et à tous les évêques de l'Europe, pour leur demander de réduire ce rebelle à l'obéissance; Thomas trouva partout des défenseurs, et le roi fut obligé de céder. En 1169, une conférence eut lieu entre Henri et le monarque français; Thomas y parut et demanda pardon à son souverain de toutes les dissensions dont l'Angleterre avait été le théâtre, et déclara qu'il était prêt à lui obéir en tout, sauf l'honneur de Dieu et celui de l'Eglise. Cette restriction irrita le roi : il refusa de donner à l'archevêque le baiser de paix, et revint en Normandie. Le roi de France, comprenant le peu de sincérité de cette réconciliation, voulut retenir Thomas, mais il avait promis de partir pour l'Angleterre, il partit. Henri s'était engagé à lui envoyer à Rouen l'argent nécessaire à son voyage; il n'en fit rien, et l'archevêque rentra en Angleterre, comme il en était sorti, pauvre et sans suite.

Tout le peuple vaincu dont il s'était fait le défenseur accourut à sa rencontre et le reçut comme il eût reçu Dieu lui-même, et l'amena en triomphe à Cantorbéry. Les Normands ne partagèrent point cette joie; mais le respect pour la dignité épiscopale contint leurs ressentiments.

Quand Henri apprit le retour de son ennemi et l'accueil qui lui avait été fait, quand il reconnut surtout que Thomas maintiendrait jusqu'à la fin les droits de l'Eglise, il entra dans un accès de rage impossible à peindre, et il s'écria : « N'ai-je donc ni un ami ni serviteur qui puisse me délivrer de cet homme !

Quatre seigneurs quittèrent alors la cour et passèrent en Angleterre pour assassiner le prélat. Ils arrivèrent à Cantorbéry le jour de Pâques, au moment où Thomas se préparait à célébrer le saint sacrifice. Leur dessein ayant transpiré, on vint avertir le prélat du danger qui le menaçait et le supplier de ne point sortir de son palais.

— N'essayez pas de me retenir, répondit-il; mon devoir est de me rendre à l'église, je remplirai mon devoir.

Les seigneurs normands étaient déjà dans le temple

quand l'archevêque y parut. Un des prêtres qui l'entouraient voulut fermer la grille du chœur afin que personne ne pût pénétrer auprès du prélat.

— Laissez cette porte, lui dit Thomas, l'église n'est
pas une forteresse.

Alors, au milieu du recueillement de tous les fidèles,
qui ignoraient le complot formé contre lui, le prélat
monta à l'autel. C'était sans doute le moment qu'attendaient les seigneurs normands. Ils se précipitèrent sur
lui en s'écriant :

— Où est le traître ?

Personne ne répondit.

— Où est l'archevêque, reprirent-ils.

— Me voilà, dit Thomas d'une voix ferme.

Et il tomba percé de coups. On voulait l'entraîner,
pour l'achever, hors de l'église, et il se cramponna à
l'autel, où les quatre assassins le frappèrent de nouveau.

Ce crime accompli, ils eurent horreur de ce qu'ils
avaient fait, et s'enfuirent pour se dérober à la vengeance du peuple. Les larmes les plus sincères honorèrent
les funérailles de l'archevêque; les Saxons avaient perdu
leur protecteur et leur père ; mais bientôt ils cessèrent
de le pleurer. Le prélat bien aimé, qui avait tant souffert
ici-bas pour leur cause, et qui avait terminé sa glorieuse
carrière en recevant la palme du martyre, était désormais leur intercesseur auprès de Dieu, et daignait, par
les miracles opérés sur sa tombe, leur prouver qu'il ne
les avait pas abandonnés.

Sur cette tombe à peine fermée accoururent de toutes
les parties de l'Europe une foule de pèlerins, et jamais
la gloire de l'archevêque de Cantorbéry ne fut plus grande
qu'après sa mort. La chrétienté tout entière se souleva
d'indignation en entendant le récit de ce meurtre, et il
n'y eut qu'une voix pour maudire le roi d'Angleterre.

Cette réprobation universelle accabla le roi, qui, re-
grettant du fond du cœur sa criminelle violence, désa-
voua hautement les assassins, se couvrit de deuil, et se
soumit à une austère pénitence. Menacé d'excommuni-

cation, il envoya à Rome l'archevêque de Rouen et les évêques d'Évreux et de Vorcester, avec mission d'implorer la clémence du souverain pontife. Après un voyage plein de périls, les trois prélats parvinrent, non sans de grandes difficultés, à être admis en présence du Saint-Père. Ils embrassèrent ses genoux, et le supplièrent avec larmes d'épargner leur peuple et leur roi. Le pape, touché de leurs instances, promit de ne pas excommunier le royaume, et d'envoyer en Angleterre, avant de se prononcer sur le châtiment du roi, deux légats chargés de faire une enquête sur le meurtre de l'archevêque.

Henri, rassuré par cette promesse, fit la conquête de l'Irlande; il éprouvait le besoin de chercher, dans les agitations de la guerre, une diversion aux cruels chagrins que lui causait après sa mort celui qui l'avait fait tant souffrir pendant sa vie. Les hommages rendus à sa victime étaient pour lui un supplice; chaque jour ces hommages grandissaient, et le prélat devint le saint le plus vénéré non-seulement de l'Angleterre, mais de toute l'Europe. Plus cette vénération s'augmentait, plus Henri devenait odieux à ses sujets, et, ne pouvant plus lutter contre cette haine et ce mépris, il avoua ses torts, accorda au pape tout ce qu'il avait refusé à l'archevêque de Cantorbéry, et fit déposer de riches offrandes sur son tombeau. Enfin pour expier solennellement son crime, le 22 mai 1172, le roi, vêtu d'un habit de pénitent, vint, les pieds nus, s'agenouiller sur les degrés de la cathédrale d'Avranches, découvrit ses épaules, se fit flageller par le clergé, et resta en prières un jour et une nuit. Le peuple ne lui sut pas gré de cette humiliation, et la nouvelle en fut mal accueillie en Angleterre.

Cependant Henri se releva, à force de valeur et d'habileté: il fit rentrer dans l'obéissance l'Angleterre, que la reine Éléonore avait soulevée, repoussa les Français de la Normandie, soumit le Poitou révolté, visita ses provinces, et fit renaître partout l'ordre et la paix. Mais il n'était pas au terme de ses chagrins. Ses fils avaient pris part aux révoltes qu'il avait dû châtier, et, malgré le pardon qu'il leur avait accordé, ses fils ingrats intriguaient de nouveau contre lui, et lui suscitaient des ennemis dans les rois et les seigneurs ses voisins. Ces luttes de familles brisaient le cœur du roi, qui chérissait ses enfants, et qui, pour les ramener à lui, s'adressait à tout le monde, même au pape, par des lettres pleines d'une tendresse et d'une douleur sans égales.

Henri, l'aîné de tous, mourut subitement, Geoffroi fu. tué dans un tournoi, et, après les avoir pleurés comme s'il eût perdu des fils obéissants, Henri périt à son tour étranglé, dit-on, par deux de ses serviteurs.

Ce prince, éprouvé par tant de peines, fut, malgré ses fautes, l'un des rois les plus illustres de l'Angleterre, autant par la sagesse des lois qu'il donna, que par sa valeur et son habileté guerrière.

Henri fut inhumé dans l'abbaye de Fontevrault, qu'il avait fondée.

RICHARD-CŒUR-DE-LION.

Richard, longtemps révolté contre son père, avait été saisi par le remords après l'avoir perdu ; aussi voulut-il rendre à sa mère tous les respects d'un bon fils. Il la tira de la prison où Henri II l'avait fait enfermer, en punition des troubles qu'elle avait excités, et la combla de soins et d'honneur. Il fit à son frère Jean, depuis surnommé Sans-Terre, une large part dans ses domaines, et commença son règne en se montrant généreux et libéral jusqu'à la prodigalité.

Philippe-Auguste régnait en France, et Richard le regardait comme son meilleur ami. Tant que le roi Henri avait vécu, Philippe-Auguste, jaloux du pouvoir de l'Angleterre, n'avait rien pu faire pour l'humilier, si ce n'est pour soutenir les révoltes de Richard ; mais maintenant qu'il avait affaire à un prince hardi et vaillant, il est vrai, mais fougueux et irréfléchi, il caressait le projet d'augmenter son autorité royale aux dépens de celle de ce vassal, beaucoup plus puissant que lui-même.

Les préparatifs d'une nouvelle croisade vinrent toutefois en retarder l'accomplissement. Louis-le-Jeune et Henri II s'étaient engagés tous deux à marcher au secours de la Terre-Sainte; mais occupés, l'un à assurer sa couronne à son fils, l'autre à réprimer la rébellion des siens, ils avaient été surpris par la mort sans avoir pu donner suite à leur dessein.

Cette expédition lointaine souriait à Richard, dont l'imagination poétique rêvait les aventures, et dont la bouillante valeur brûlait de se mesurer contre ces fiers Sarrasins dont il avait tant ouï parler. Philippe-Auguste, beaucoup plus sage quoique presque aussi jeune, eût préféré rester dans son royaume, affermir son autorité et embellir Paris, qui commençait à prendre l'aspect d'une capitale; mais fidèle à la voix de l'honneur qui l'appelait à l'aide des chrétiens près de succomber en Orient, il se disposa à partir.

Le vaillant Saladin régnait alors en Egypte, et la bataille de Thibériade, gagnée par lui, venait de mettre le royaume de Jérusalem à deux doigts de sa perte. Guy de Lusignan, Renaud de Châtillon, le prince d'Antioche, le marquis de Montferrat, Amaury de Lusignan et le grand-maître de l'ordre des Templiers gémissaient dans les fers; l'Europe ne pouvait rester insensible à tant de désastres, et la France ne pouvait oublier que ce royaume de Jérusalem avait été fondé par des Français. La nouvelle de cette funeste journée de Thibériade fut accueillie par ce même cri: Dieu le veut! qui avait deux fois déjà armé l'Europe contre l'Asie. Le pape Urbain III n'eut pas la consolation de voir les préparatifs de cette expédition; il mourut de douleur en apprenant la ruine de la grande famille chrétienne.

Guillaume de Tours, l'un des meilleurs historiens du temps, prêcha la croisade, et les rois de France et d'Angleterre prirent ensemble la croix ; l'empereur Frédéric Barberousse en fit autant, et, quoiqu'il eût près de soixante-dix ans, partit sans attendre les deux monarques. Il ne gagna pas Jérusalem ; il périt dans les eaux du Cydnus, et son fils, qui avait pris en sa place le commandement de l'armée, mourut sous les murs de Saint-Jean-d'Acre. Philippe et Richard, ayant rassemblé autour d'eux leurs plus braves chevaliers et les meilleurs hommes d'armes des deux royaumes, s'embarquèrent, Philippe à Gênes et Richard à Marseille. Mais, partis trop tard, au mois de décembre, ils furent forcés de passer l'hiver en Sicile.

Là commença la rivalité de ces princes, au moins puissant desquels appartenait, en sa qualité de suzerain, le droit de prééminence. Richard supporta impatiemment ce qu'il regardait comme un affront, et, n'écoutant que sa fierté, saisit toutes les occasions de s'élever au-dessus de Philippe. Rien n'échappa au roi de France, mais il avait sur son adversaire un immense avantage, celui de savoir se contenir : il attendit.

Au retour du printemps, les deux armées mirent à la voile séparément. Philippe rejoignit le premier les Anglais ; mais il ne voulut pas attaquer Saint-Jean-d'Acre que Richard ne fût arrivé ; la prise de cette ville, assiégée depuis longtemps par les Allemands, n'était d'ailleurs pas douteuse. Saladin fut vaincu et rendit aux deux rois, avec cette place, les prisonniers qu'il avait faits et le bois de la vraie croix. Il s'engagea, en outre, à payer à l'armée chrétienne deux cent mille besants d'or, dans un délai de quarante jours, laissant pour otages de sa parole les Sarrasins pris dans Saint-Jean d'Acre. Ce délai expiré, l'argent promis par le sultan n'étant pas arrivé, Richard fit passer au fil de l'épée plus de deux mille captifs qui lui étaient échus. Philippe eut horreur de cette barbarie, donna la liberté à ses prisonniers, et, ne pouvant plus supporter l'humeur altière de ce prince, qui était, en effet, le plus brillant guerrier des deux armées, il reprit le chemin de ses États.

Ce départ fut un triomphe pour Richard, qui se trouva le chef de tous les chevaliers soit français soit anglais. Son ardente valeur, que ne contenait plus la sagesse de Philippe, se montra dans maints combats, du succès desquels il ne sut pas profiter. On n'eût pas dit qu'il poursuivait une entreprise sérieuse, mais qu'il cherchait à se faire proclamer le chevalier le plus hardi de son temps. Il s'avança jusqu'à Jérusalem et la pressa si vivement que les Sarrasins songèrent à capituler. Ils offrirent de se rendre si on voulait leur laisser la vie sauve. Richard refusa de souscrire à aucune condition, et le désespoir rendant des forces aux assiégés, ils se défendirent si bien que le roi d'Angleterre fut forcé de renoncer à cette conquête qui ne lui eût coûté qu'un mot.

Irrité de cet échec, il en accusa le roi de France, qui, disait-il, était parti comme un fuyard. Il est certain qu'en sa place, Philippe-Auguste fût entré dans Jérusalem, et, non content de l'avoir prise, eût affermi sa conquête par de sages et énergiques mesures.

L'aventureux Richard donna quelque temps encore à ses armées le spectacle d'une bravoure à toute épreuve; mais la peste lui avait ensuite enlevé ses meilleurs capitaines, et la division s'étant mise parmi les croisés, il conclut avec Saladin une trêve de trois ans. Alors chacun des chefs regagna son comté, sa baronnie ou son duché, et Richard lui-même s'embarqua pour l'Europe. De grands intérêts l'y rappelaient: d'un côté, Philippe-Auguste menaçait la Normandie; de l'autre, Jean, frère de Richard, profitait de son absence pour ruiner l'Angleterre, et ses exactions avaient allumé partout la révolte.

Emporté par son humeur aventureuse, il résolut de traverser l'Allemagne sans quitter le bourdon du pèlerinage; c'était un moyen de voir beaucoup de choses sans être remarqué: il y avait tant de ces bonnes gens qui retournaient dans leur patrie après avoir visité le tombeau du Christ! Richard oublia, pour son malheur, que l'empereur Henri VI et le duc Léopold d'Autriche,

3.

humiliés tous deux par lui, étaient ses ennemis, et que son visage et sa noble taille avaient été trop souvent loués par ceux qui l'avaient vu en Orient, pour qu'il pût se flatter de n'être pas reconnu. Un jour qu'en attendant son repas dans une hôtellerie, il s'occupait à tourner la broche en séchant son manteau de pèlerin, il attira l'attention de deux Allemands, revenus, comme lui, de Palestine.

Léopold en fut aussitôt informé, s'empara de sa personne et le vendit à l'empereur, qui le fit enfermer dans une forteresse. Guerrier et troubadour à la fois, Richard s'efforça de charmer par la poésie les ennuis de sa prison. Nous rapportons ici, pour donner une idée du langage de cette époque, un des couplets du roi ménestrel :

Or sapchons ben miey hom e miey baron,
Angles, Norman, Peytavin et Gascon,
Qu'ieu non ay ja si pauvre compagnon
Qu'ieu laissasse, per aver, en preison.
Non ho dio mi per nulla retraison,
Mas anquor soi jo pres !

Ce couplet, mélangé de français et d'italien, peut se traduire ainsi :

« Or, sachez bien, mes hommes et mes barons Anglais, Normands, Poitevins et Gascons, qu'il n'y a si pauvre compagnon que je laissasse, pour argent, en prison. Je ne vous le dis pas pour vous faire un reproche, mais encore suis-je prisonnier !

Le royaume entier gémissait de l'absence de son roi, et en demandait en vain des nouvelles. Cela dura deux ans, au bout desquels on apprit la déloyale conduite du duc et de l'empereur. La reine Éléonore écrivit alors au pape les lettres les plus touchantes pour le supplier de rendre son fils, et de prendre pitié, lui, le père de tous les fidèles, du malheur de tout ce peuple, privé de celui que Dieu avait chargé de le protéger et de le défendre. Ces lettres respirent une douleur sincère et un véritable amour maternel.

L'empereur promit enfin de rendre la liberté à Richard, moyennant une rançon de cent cinquante mille marcs d'argent. Il fallut deux autres années pour amasser cette énorme somme, à laquelle contribuèrent tous les Anglais et tous les Normands. Elle fut livrée à l'empereur, qui hésita cependant, malgré la foi jurée, à rendre son prisonnier, le roi Philippe-Auguste et le duc Jean-sans-Terre lui offrant pareille somme pour qu'il le gardât encore une année, et peut-être eût-il cédé à cette tentation, si Richard ne se fût enfui.

Ses sujets le reçurent avec enthousiasme, et, quoique épuisés par les sommes levées pour sa rançon, l'Angleterre et la Normandie donnèrent encore des fêtes en son honneur.

A peine Arrivé à Londres, Richard assembla les évêques et les barons, et cita devant eux son frère Jean, comme traître et déloyal chevalier. Les barons confisquèrent ses biens, et les évêques l'excommunièrent. Jean se réfugia en France, et servit Philippe-Auguste contre son frère. Le roi de France s'empara d'Evreux, et vint mettre le siége devant Verneuil. A cette nouvelle, Richard rassembla son armée à la hâte, et accourut en Normandie. De cette province, la guerre passa en Aquitaine, et elle menaçait de durer longtemps entre ces deux princes également braves et habiles, lorsqu'une famine cruelle vint les forcer à suspendre les hostilités. La trève, conclue et signée par le chevalier d'Angleterre, portait, entre autres clauses, plus favorables à Philippe qu'à Richard, que celui-ci ne relèverait point les forteresses détruites pendant cette guerre.

Richard n'en tint nulle compte, et fit construire aux Andelys une citadelle imprenable. Ni l'opposition de l'archevêque de Rouen, Gautier, seigneur des Andelys, ni l'intervention du pape, ni les menaces de Philippe, ne purent le faire renoncer à sa résolution. La citadelle achevée, il lui donna le nom de Château-Gaillard.

Je le prendrai, dit le roi de France, quand il serait de fer.

— Je la défendrai, répondit le roi d'Angleterre, quand il serait de beurre.

Philippe vint s'établir au château de Vernon, Richard s'enferma au Château-Gaillard, et plus d'un combat sanglant fut livré au pied de la nouvelle forteresse. Tantôt vaincus, tantôt vainqueurs, les deux rois s'attaquèrent dans les plaines voisines de Vernon. Les Français furent battus et regagnèrent à grand'peine le château de Gisors ; mais tout vaincu qu'il était, Philippe sut conserver cette ville, dont Richard eût pu s'emparer.

Richard, d'ailleurs, était las de la guerre, et il aspirait au repos ; mais s'étant pris de querelle avec le vicomte de Limoges, à propos d'un bas-relief en or trouvé en labourant par un des paysans du vicomte, bas-relief que le roi voulait avoir, il vint assiéger le château de Châlus. Comme il avait envie de faire pendre sans miséricorde la garnison et les habitants, chacun songea à se bien défendre. Toutefois cette défense ne pouvait durer longtemps ; mais Richard avait dans ces murs un ennemi personnel, dont il avait fait tuer le père et les frères. Ce gentilhomme, nommé Gordon, était un très-habile archer ; un jour qu'il vit le roi sortir de sa tente, il le visa ; et la flèche atteignit Richard.

Il comprit que sa blessure était mortelle ; n'ayant pas d'enfants, il disposa de son héritage en faveur de Jean-sans-Terre, fit distribuer des aumônes, dota la cathédrale de Rouen de trois cents muids de vin chaque année, et mourut au mois d'avril 1199. Il fut inhumé dans l'abbaye de Fontevrault, comme son père ; mais son cœur fut déposé dans la cathédrale à laquelle il venait de faire le don que nous avons dit.

L'histoire a beaucoup à reprocher à Richard. S'il fut vaillant, il ne fut ni sage ni humain ; cependant les hasards de sa vie, les souffrances de sa prison, la protection qu'il accorda aux savants et aux ménestrels l'environnent d'une poésie qui fait disparaître aux yeux de la postérité ses défauts et ses fautes, pour le lui présenter comme un héros chevaleresque, sous le nom glorieux de Richard-Cœur-de-Lyon.

JEAN-SANS-TERRE.

Jean se fit proclamer roi d'Angleterre, et se fit couronner à Londres. Richard l'avait, il est vrai, désigné
pour son successeur; mais, d'après les coutumes normandes, le trône revenait de droit au jeune Arthur, duc
de Bretagne, fils de Geoffroi Plantagenet, frère aîné de
Jean-sans-Terre. Constance, mère d'Arthur, protesta contre cette usurpation, et les seigneurs bretons, qui chérissaient le petit prince, déclarèrent qu'ils le mettraient,
quoi qu'il en pût coûter, en possession de ce trône. De
son côté, Philippe-Auguste, toujours prêt à prendre
parti contre les rois anglais, et ne redoutant rien de cet
enfant, somma Jean, son vassal, de paraître devant lui,
et d'avoir à lui rendre compte du droit en vertu duquel
il avait pris la couronne sans la permission du roi de
France, son suzerain.

Jean se rendit à l'appel de son seigneur, qui exigea
que le Poitou, l'Anjou, le Maine et la Tourraine fussent
donnés à Arthur, et que le Vexin fût réuni à la France.
Jean ne voulut point souscrire à ces conditions, et la
guerre fut déclarée.

Philippe entra en Bretagne, et, sous prétexte de ruiner le parti de l'usurpateur, il fit raser un grand nombre
de châteaux de cette province, et y fit chaque jour de
nouvelles conquêtes. Alors les seigneurs bretons appelèrent à l'aide ce même Jean-sans-Terre, et lui demandèrent protection contre la France. Une trève fut conclue
entre les deux rois, et le jeune Arthur, que Philippe
disait aimer et soutenir, fut oublié. Une des clauses de
cette trève fut le mariage de Louis, fils de Philippe-
Auguste, avec Blanche de Castille, fille d'Alphonse VIII
et de la reine Éléonore, sœur de Jean-sans-Terre.

Le royaume de France étant alors en interdit, c'est-à-
dire sous le coup d'une excommunication encourue par
Philippe, le mariage de cette noble et vertueuse prin-

cesse et de ce jeune Louis, non moins noble et non moins vertueux, fut célébré dans un pauvre village de Normandie.

Peu de temps après, la reine Eléonore se retira dans l'abbaye de Fontevrault, près de la tombe de Henri II son époux, et celle de son cher fils Richard ; elle y mourut à l'âge de quatre-vingt-quatre ans.

La trêve conclue entre Philippe et Jean pouvait être de longue durée, le roi de France ayant trop d'intérêt à profiter de la haine dont ce prince était l'objet pour affaiblir la puissance de l'Angleterre. Arthur de Bretagne fut encore le prétexte de cette guerre, qui n'avait en réalité d'autre cause que la rivalité de ces deux grandes puissances, trop voisines l'une de l'autre pour pouvoir vivre en paix.

Philippe reçut l'hommage d'Arthur pour le Maine, l'Anjou, le Poitou et la Touraine ; quant à la Normandie, il se l'était adjugée depuis longtemps. Il avait promis au jeune prince de l'aider à conquérir ces provinces dont il le reconnaissait seigneur ; mais il voulut commencer par la Normandie, et vint attaquer Gourney ; les seigneurs bretons et leur duc, qui déjà montrait une héroïque valeur, l'accompagnaient. Il s'en empara, arma Arthur chevalier, lui promit sa fille en mariage, et ne lui accorda toutefois qu'un secours insignifiant pour marcher contre son oncle.

Le nouveau chevalier, emporté par son ardeur, court assiéger Mirebeau et s'en empare ; Jean accourt aussitôt et cerne la ville. Pour la reprendre, il a recours à la trahison. Des seigneurs bretons, de ceux qui avaient embrassé son parti, gagnés par lui, et déplorant de voir tant de braves gens périr dans une guerre impie entre un neveu et un oncle, qui devait être le protecteur de cet orphelin, nouent des intelligences dans la place, et s'engagent à la lui livrer, sous le serment solennel qu'il leur fait que tous les chevaliers enfermés dans ce fort auront la vie et la liberté, et que le duc Arthur sera traité par le roi d'Angleterre comme un fils, et mis en possession des provinces en litige.

Pendant la nuit, Mirebeau ouvre ses portes ; surpris au milieu de leur sommeil, les bretons sont impitoyablement massacrés. Arthur est chargé de chaînes et conduit en prison. C'est ainsi que Jean-sans-Terre savait tenir un serment.

La mort d'Arthur de Bretagne est un des drames les plus émouvants que nous offre l'histoire. Ce jeune homme, en qui reposaient toutes les espérances des Bretons, n'était si odieux à son oncle que parce qu'il promettait de justifier ses espérances, et que, dans l'âge où l'on renonce à peine à toutes les frivolités de l'enfance, il montrait déjà toutes les qualités et les vertus qui font les héros. Non content de retenir sous les verrous d'un cachot ce pauvre enfant, saisi au milieu de ses beaux rêves d'avenir et de gloire, il le poursuivait d'une haine si féroce et si lâche, qu'il ordonna qu'on lui crevât les yeux. Mais les bourreaux envoyés vers lui, désarmés par la bonté touchante et la confiance ingénue de cet enfant, n'eurent pas le courage d'accomplir cette atroce vengeance. Il en fut de même de ceux auxquels Jean donna l'ordre de tuer le duc. Alors, saisi d'une furieuse colère, il jura de ne s'en rapporter qu'à lui-même du soin de se débarrasser de ce rival.

Il fit transporter Arthur à Rouen, et l'y fit garder à vue, comme si l'épaisseur des murailles et la force des barreaux n'eussent pas suffi à le rassurer. Le jeune homme, qui avait un instant souri à l'espoir de la liberté, tomba dans un profond accablement, en se voyant plus malheureux que jamais. Sa santé s'altéra, et bientôt il ne fut plus que l'ombre de lui-même.

Un soir qu'il pleurait en pensant à sa chère Bretagne, à ses nobles barons, à sa tendre mère, la porte de son cachot s'ouvrit, et un homme se présenta devant lui.

— Suivez-moi, seigneur, lui dit-il, vous êtes libre... Libre !... A ce mot magique, Arthur voulut se jeter dans les bras du messager ; mais celui-ci se détourna, et s'efforçant de raffermir sa voix qui tremblait malgré lui, il ajouta :

— Hâtons-nous, seigneur, on nous attend.

Arthur voulait lui demander d'où lui venait ce bonheur inespéré, il se tut, se promettant de l'interroger à loisir quand il serait hors de ce donjon maudit.

— Aidez-moi à descendre, sire chevalier, dit le duc; relève de maladie, et puis à peine me soutenir.

Le chevalier lui prêta son bras, tous deux descendirent l'escalier, et la porte se referma dès qu'ils eurent franchi le seuil du château. Arthur jeta un regard autour de lui, il ne vit rien qu'une barque qui se balançait près du rivage, la nuit était sombre, et de gros nuages noirs, chassés par un vent violent, couvraient le ciel d'un voile de deuil. Arthur, guidé par son compagnon, s'avança vers la barque; mais déjà sa joie s'était glacée sous un sinistre pressentiment.

Un homme armé de pied en cap se leva tout-à-coup du fond de cette barque, et saisit Arthur par la main.

— C'est moi, beau neveu, dit-il, ne craignez rien.

Le jeune homme jeta un cri perçant, et fit un mouvement pour s'enfuir; mais le poignet de Jean était de fer.

Venez, beau neveu, pourquoi fuir, puisque je veux vous rendre la liberté et votre duché de Bretagne, dit le roi avec un rire infernal.

Arthur ne crut pas ce que lui assurait son oncle; mais comme il lui était impossible de résister, il entra dans l'embarcation, qui commença de descendre rapidement la Seine. Les deux princes gardaient un morne silence. Jean contemplait sa victime, et Arthur regrettait sa prison. Cependant, comme la jeunesse renonce difficilement à l'espoir, il se prit à penser que le roi d'Angleterre, vaincu peut-être par Philippe-Auguste, allait le remettre entre les mains de ce prince; il se dit que ses barons avaient fait, sans doute, tant de promesses pour obtenir sa délivrance, qu'il était impossible à Jean de le retenir plus longtemps, enfin il se reprocha presque d'avoir douté de la parole de son oncle

On était arrivé près de la forêt de Meulineau, la barque s'arrêta.

— Fais ta prière, dit Jean; car ta dernière heure
venue.

Arthur, ramené ainsi à l'horrible réalité, se jeta aux
genoux de son oncle, et lui demanda s'il aurait le courage de le tuer, lui, un enfant... Il le supplia de songer
aux liens qui les unissaient, lui promit de ne jamais
rien entreprendre pour recouvrer l'héritage de son
père, héritage dont Jean s'était emparé; il lui jura
d'être pour lui le fils le plus soumis, et comme Jean ne
répondait à ses prières qui eussent attendri le cœur d'un
tigre, que par ces terribles paroles : Il faut mourir!...
Arthur embrassa ses genoux, et baigna ses mains de
pleurs, en s'écriant.

— Prenez tout ce que je possède, prenez les provinces que m'a données le roi de France, prenez tout
jusqu'à la Bretagne; mais je suis si jeune... laissez-moi
vivre !...

Le compagnon de Jean, touché jusqu'aux larmes,
allait joindre ses instances à celles du jeune duc, un
geste menaçant du roi le rejeta à l'autre extrémité de la
barque. Alors terrassant le pauvre enfant, et lui mettant son genou sur la poitrine, l'infâme roi lui enfonça
son poignard dans le cœur.

Le lendemain, des pêcheurs ramenèrent dans leur
filet le corps du duc de Bretagne, et le portèrent dans
un couvent voisin, où on lui rendit secrètement les derniers devoirs.

La nouvelle de la mort du prince jeta la Bretagne
dans une consternation indicible; mais bientôt, dans
l'âme des braves et fidèles Bretons, cette consternation
se changea en une haine et un mépris profond pour le
lâche qui s'était souillé d'un tel crime, et ils offrirent à
Philippe-Auguste de se joindre à lui contre le roi Jean.
Le Maine et l'Anjou s'armèrent en même temps, et la
Normandie fut attaquée de tous les côtés à la fois. Le
Mont-Saint-Michel tomba au pouvoir des Bretons qui
rejoignirent à Caen les troupes de Philippe.

Le roi d'Angleterre, enfermé dans son palais de

Normandie.

Rouen, s'y livrait aux plaisirs et à la bonne chère, sans se préoccuper des désastres de son armée et du triste état dans lequel la guerre mettait sa belle province de Normandie. Philippe, qui ne doutait pas qu'elle ne lui appartînt dans un bref délai, s'en souciait davantage, et, autant qu'il le pouvait, il arrêtait le pillage et l'incendie. Aussi un grand nombre de villes lui ouvrirent leurs portes, et bientôt il ne resta plus aux Anglais que Rouen, Verneuil et Château-Gaillard.

Philippe alla assiéger ce fort, défendu par Roger de Lascy. La résistance fut héroïque, et la famine enleva la moitié des assiégeants. Mais le roi de France avait juré de prendre la place, et il la prit. A cette nouvelle, Jean s'enfuit en Angleterre, et l'armée franco-bretonne vint attaquer Rouen.

La ville était grande, bien peuplée, bien fortifiée et pourvue de vivres, aussi résista-t-elle longtemps à Philippe, qui, de son côté, voulait ménager cette florissante capitale du duché de Normandie. Mais, après s'être bien battus, les bourgeois de la bonne ville, qui souffraient grandement du voisinage des ennemis et qui voyaient tout commerce suspendu chez eux, s'inquiétèrent de ne voir venir aucun secours de l'Angleterre, et envoyèrent à Philippe des députés chargés de conclure avec lui une trève dont voici les conditions : Le roi de France permettait à tous les marchands de Rouen de sortir de la ville et d'y rentrer librement et de porter leurs marchandises sur ses terres, où toutefois ils ne chargeraient pas de blé. Si, au bout de trente jours de cette trève, le roi Jean n'avait pas délivré cette place ou fait la paix avec la France, ladite place s'engageait à ouvrir ses portes à Philippe, qui laisserait alors à chacun la vie, la liberté, les biens dont il était en possession, et respecterait les us et coutumes de la ville de Rouen.

Cette trève fut signée le 1er juin 1204, et les principaux bourgeois de Rouen, après avoir laissé des otages à Philippe, quittèrent leur ville, passèrent le détroit et vinrent à Londres trouver le roi Jean, lui représenter l'état dans lequel était la capitale de son duché, et le prier de ne pas les abandonner plus longtemps. Jean faisait une partie d'échecs lorsqu'on introduisit ces ambassadeurs en sa présence; il ne l'interrompit point, et répondit à leurs doléances qu'il ne pouvait rien faire pour leur ville et qu'il les laissait libres d'agir pour le mieux.

Cette réponse, rapportée aux habitants, les indigna, et, las de combattre et de souffrir pour un prince si peu soucieux de ses intérêts, ils se remirent en mémoire qu'avant d'être normande leur cité avait été française, et que quand le roi Charles-le-Simple avait cédé la Neustrie à Rollon, il s'en était réservé la suzeraineté, et ils résolurent, convaincus par ces bonnes raisons, de reconnaître Philippe pour leur seigneur. Et sans attendre que les trente jours fussent écoulés, ils invitèrent le roi de France à entrer dans leurs murs. Philippe remplit fidèlement toutes les promesses qu'il avait faites; nulle atteinte ne fut portée à la liberté ou aux biens des Rouannais, et les coutumes de la province furent religieusement respectées.

Philippe quittant alors la Normandie devenue sienne, prit Loches, Chinon, La Rochelle, et, maître de presque tout ce qu'avait possédé en France les rois anglais, il voulut se faire confirmer par la justice ce qu'il devait au sort des armes. Alors il somma le roi Jean de comparaître devant son seigneur et maître, pour avoir à rendre compte en présence des évêques et des hauts-barons assemblés, du meurtre d'Arthur de Bretagne, dont il était accusé. Jean, n'ayant point comparu, fut déclaré traître et félon, et, comme tel, déchu de tous ses droits sur la Normandie, la Touraine, le Maine et l'Anjou, qui furent réunis à la couronne de France.

A cette nouvelle, Jean, furieux, quitta l'Angleterre, fondit sur l'Anjou et le Poitou, qu'il couvrit de ruines; cruelle, mais inutile vengeance.

Tout le monde connaît comment Philippe, menacé par une ligue formidable que la jalousie, excitée par ses succès, avait formée contre lui, se conduisit à Bouvines.

Les deux armées allaient en venir aux mains quand
roi de France, s'approchant de l'autel sur lequel on
venait de célébrer la messe pour le succès de la journée,
y déposa son diadème, en s'écriant : « Je remets sur
cet autel la couronne que je tiens de mes pères; s'il est
quelqu'un parmi vous que vous en jugiez plus digne que
moi, je suis prêt à la lui céder; mais si vous ne me
jugez pas indigne de la porter, songez que vous avez à
défendre aujourd'hui votre roi, vos biens et votre honneur. » Un cri unanime : Vive Philippe! nous mourrons
pour lui! fut la réponse à ces paroles, et le succès le
plus complet vint couronner cette déclaration.

Jean, désespéré, offrit son royaume au pape, puis
au roi de Maroc, en lui promettant de se faire maho-
métan; enfin il commit tant de bassesses que ses sujets,
indignés, offrirent la couronne à Louis, fils de Philippe-
Auguste.

Le roi de France accepta cette proposition; Louis
passa en Angleterre, fut proclamé l'héritier présomptif
du royaume et sacré en cette qualité, sans que Jean fît
aucun effort pour empêcher qu'on enlevât ainsi son
héritage à son fils. Il est probable que si ce prince lâche
et cruel eût vécu longtemps encore, le prince français
lui eût succédé; mais Jean, qui à toutes ses autres passions basses joignait l'avarice, mourut du chagrin
d'avoir perdu son trésor au passage d'un fleuve.

L'opinion de ses sujets, débarrassés de lui, redevint
favorable à Henri son fils; les seigneurs se rapprochèrent peu à peu de ce prince, qui était anglais et qui
avait au trône des droits incontestables. Louis, abandonné de ceux qui l'avaient appelé, et peu soutenu par
un père trop sage pour n'avoir pas reconnu l'inutilité de
ses efforts, se décida à quitter l'Angleterre. Il le fit
avec dignité, en déliant les seigneurs de leur serment
de fidélité et en recevant sur son passage les hommages de tout le peuple.

Quant à Jean, il devait, après sa mort, mériter le
surnom de Sans-Terre qu'il avait porté pendant sa vie :
il avait été enseveli dans un monastère; mais les moi-

nes, ayant cru entendre dans sa tombe des bruits étran-
ges, ouvrirent cette tombe et jetèrent hors de la terre
sainte le corps qu'elle renfermait.

Henri III fut donc proclamé roi d'Angleterre ; les provinces possédées sur le continent par ses prédécesseurs
restèrent à la France par droit de confiscation, et non
d'une manière définitive; mais c'était beaucoup que
d'en être arrivé à ce point, et la France doit conserver
précieusement la mémoire de Philippe-Auguste, qui,
profitant avec tant d'habileté des fautes de son voisin,
mit un terme aux guerres que cette rivalité des deux
rivaux occasionait.

COUTUMES ET PRIVILÉGES DE LA VILLE DE ROUEN.

A l'époque dont nous parlons, c'est-à-dire au commencement du viii° siècle, la ville de Rouen, depuis
longtemps érigée en commune, jouissait des franchises
les plus étendues, et formait une espèce de république,
au milieu du duché de Normandie. Nous avons vu les
bourgeois délibérer sur la conduite qu'ils avaient à
tenir lors du siége fait par Philippe-Auguste, aller présenter leurs plaintes au roi d'Angleterre, et enfin se
donner librement au roi de France.

La municipalité de Rouen se composait de cent membres choisis par les habitants; ces cent membres en
choisissaient trois parmi eux, et l'un de ces trois élus
était élevé, par le duc, à la dignité de maire. L'assemblée nommait ensuite dans son sein douze échevins et
douze conseillers, chargés d'administrer les affaires de
la ville, et de rendre la justice au nom du prince, selon
la loi et leur conscience.

Philippe-Auguste confirma tous les priviléges de la

grande cité qui l'avait reconnu pour souverain, et lui
en accorda même de nouveaux. Les Normands n'ont jamais oublié leurs intérêts, ils ont toujours su tirer parti
de toutes les circonstances; aussi eurent-ils soin, en
ouvrant leurs portes au roi de France, de se faire ré-
compenser de leur bonne volonté. La bourgeoisie de
Rouen fut exempte de payer les impôts de taille et de
fouage, si ce n'est de son plein gré; les bourgeois eurent le droit de marier leurs filles, ce qu'ils ne pouvaient
faire auparavant sans l'agrément de leur seigneur; la
rivière de Seine leur fut concédée; ils purent y construire des ponts, y faire voyager leurs bateaux, et aucune marchandise ne put passer devant la ville, sur la
dite rivière, sans leur permission; tout le vin bu dans
la cité ne devait pas droit au trésor royal; le commerce
avec l'Irlande appartenait tout entier à la ville de Rouen,
à l'exception d'un vaisseau que celle de Cherbourg pouvait y envoyer une fois l'an. Un grand nombre d'autres
privilèges moins importants, mais qui tous devaient
concourir à la prospérité de la cité, furent encore obte-
nus.

Entre les institutions normandes, une des plus justement célèbres est celle de l'Echiquier. Ce tribunal, qui
se réunissait tous les ans dans la capitale du duché,
était composé de représentants des trois ordres : le
clergé, la noblesse et le tiers-état. Il jugeait en dernier
ressort les causes graves, votait les impôts, et veillait à
tous les grands intérêts de la province. Le duc prési-
dait, l'archevêque, les abbés crossés et mitrés de Ju-
miége, de Saint-Vaudrille, et plusieurs autres prélats y
siégeaient; puis venaient les comtes et les barons; enfin les députés de la bourgeoisie.

La justice était rendue dans chaque comté par un tribunal qu'on nommait Assise, et des jugements rendus
par les Assises, on pouvait appeler à l'Échiquier. L'Assise était composée de membres pris aussi près que
possible du lieu où s'était commis le délit qu'elle avait
à juger, et il fallait la presque totalité des voix pour
entraîner une condamnation. On jugeait d'après les

usages et coutumes de Normandie, et les arrêts de
l'Échiquier étaient sans appel.

Chaque duc, lors de son avènement, jurait de respecter ces coutumes, et de laisser la province jouir de tous
ses priviléges. Ce serment se faisait au pied de l'autel,
en présence du clergé et de toute la cour, dans la cathédrale de Rouen. L'archevêque, après avoir fait réciter
au prince la formule usitée, lui passait au doigt l'anneau ducal, lui ceignait l'épée; et alors seulement il
était reconnu légitime duc de Normandie.

C'est en cette qualité, et non sous le titre de roi de
France, que Philippe-Auguste reçut la soumission de la
ville de Rouen, et la réunion de cette province à la
couronne de France n'eut lieu définitivement que sous
le règne de Jean-le-Bon.

Nous esquisserons rapidement jusque-là l'histoire de
France, afin que nos jeunes lecteurs comprennent la
situation de ce royaume, quand le roi Henri V essaiera
de reconquérir les provinces possédées par ses ancê-
tres. Seulement, comme la Normandie est confisquée au
profit de la couronne de France, nous ne nous occupe-
rons plus autant que nous l'avons fait des rois d'Angleterre, dont Rouen était la capitale plus qu'aucune des
villes du royaume insulaire.

LOUIS VIII (ROI DE FRANCE).

Louis VIII, surnommé le Lion, succéda à Philippe-
Auguste, son père, et se montra digne de lui, tandis
que Henri III, qui lui avait été préféré par les Anglais,
continua le règne exécré de Jean-Sans-Terre. La trève
conclue avec l'Angleterre étant expirée, Louis marcha à
la conquête des provinces que son prédécesseur n'avait
pas eu le temps de soumettre. Niort, Saint-Jean-d'An-
gely, la Rochelle, furent pris ou se rendirent, et toutes

les villes situées au nord de la Garonne reconnurent l'autorité de Louis. Ce jeune prince tourna ensuite ses pas vers le midi de la France, où la secte des Albigeois avait excité de grands troubles; mais la mort vint délivrer le roi d'Angleterre, non plus d'un rival, mais d'un maître redoutable.

LOUIS IX

Nous voici arrivés au règne de Louis IX, un des plus grands princes dont s'honore la France, un des plus grands saints que révère l'Eglise. Nous avons dit le mariage de Louis VIII avec Blanche de Castille, fille de la Reine Eléonore. Blanche était digne d'être la femme de Philippe-Auguste, et la mère de saint Louis. Elle fut nommée tutrice du roi, qui n'avait que douze ans, à la mort de son père, et elle eut besoin de tout son courage, de toute sa fermeté, de toute sa grandeur d'âme pour lutter contre les seigneurs, indignés de voir entre les mains d'une femme l'autorité qu'ils avaient supportée impatiemment dans les puissantes mains de Philippe-Auguste. Les comtes de Champagne, d'Aquitaine, de Bretagne et de la Marche, se liguèrent contre la régente, et allèrent jusqu'à se donner pour roi le monarque anglais. Malgré l'opposition de ces seigneurs, Blanche fit sacrer son fils ; puis elle montra tant de sagesse et tant d'habileté, qu'elle parvint à détacher de cette ligue Thibaud de Champagne, qui en était le plus redoutable champion, et en fit un fidèle vassal du roi Louis IX. Aidée de Mathieu de Montmorency, un des plus nobles noms de notre histoire, elle désarma les rebelles, consolida sur le trône ce fils tendrement aimé, et lui fit épouser, en 1235, la princesse Marguerite, fille du comte de Provence.

Louis continua l'œuvre de sa mère en faisant rentrer

dans le devoir les vassaux remuants. Hugues de Lusignan, comte de la Marche, ayant refusé l'hommage au comte de Poitiers, qui, dans cette immense échelle hiérarchique appelée féodalité, était son suzerain, Louis se chargea de le châtier. Hugues implora l'appui de Henri III, dont il avait épousé la mère, Henri se rendit à cet appel, et l'armée française, commandée par Louis IX, rencontra les troupes coalisées près de Taillebourg sur la Charente. Le pont qui traversait cette rivière était défendu par les Anglais. Ne consultant que son courage, le roi de France s'élança le sabre à la main contre cette armée, et la mit en déroute. Le lendemain, il gagna une seconde bataille sous les murs de Saintes; Henri III s'enfuit, et le comte de la Marche, s'étant soumis, obtint son pardon.

Louis, ayant conçu quelques doutes sur la légitimité de ses droits sur les provinces conquises par Philippe-Auguste sur les Anglais, fit offrir à Henri III de lui rendre le Limousin, le Périgord et le Quercy, restitution que les plus fermes soutiens de son trône blâmèrent, mais qui fait infiniment d'honneur à la justice scrupuleuse de ce monarque. Il racheta cette faute politique par une sage ordonnance, en vertu de laquelle les seigneurs qui possédaient des fiefs en Angleterre et en France eurent à choisir entre Henri III et Louis IX. Un certain nombre de familles normandes, largement partagées lors de la conquête de la Grande-Bretagne, passèrent le détroit, abandonnant la portion la moins considérable de leurs domaines, portion dont le roi enrichit ses plus dévoués serviteurs. Pour que ce mélange des deux nations ne se reproduisît plus, il décréta qu'aucun de ses sujets ne pourrait épouser une femme étrangère sans la permission du roi.

Louis eut toutes les vertus du héros chrétien, et son règne fut un des plus heureux pour la nation. La paix s'étant rétablie, grâce à sa valeur, il s'occupa de la prospérité de son royaume et du bien-être de ses sujets. Il envoya partout des agents chargés de recueillir les plaintes des pauvres, d'examiner la conduite des grands, et de lui rendre compte, à lui-même, de tout ce qu'il y aurait à faire pour le bonheur des peuples. Accessible à tous, il se considérait comme père du royaume que Dieu lui avait donné à gouverner; et, afin que l'éclat qui environne le trône n'éloignât pas de lui les faibles et les petits, il allait dans la forêt de Vincennes, et, s'asseyant sous un chêne, il rendait la justice à chacun. Ce chêne royal fut conservé par la piété publique comme une des plus précieuses reliques du saint roi.

« Nous ne devons pas oublier, disait-il, que les serfs sont nos frères. » Et comme il savait que les seigneurs n'était que trop portés à ne point s'en souvenir, il déclara chaque juge responsable des sentences qu'il avait rendues. Il encouragea l'agriculture, et accorda une protection toute spéciale aux habitants des campagnes. La Normandie, dont il était resté souverain du consentement de Henri III, fut l'objet de ses soins; il comprenait tout le parti qu'on pouvait tirer de ces terres excellentes, si souvent ravagées jusque-là, et il donnait sécurité aux laboureurs, en leur disant : « Sachez que nous avons prohibé toute guerre dans notre royaume, tout incendie et tout empêchement aux charrues. » Il interdit sévèrement le duel dans ses domaines, et substitua les tribunaux aux preuves par les armes, si longtemps nommées le Jugement de Dieu. « Bataille n'est pas voie de droit, » disait-il.

Il protégea l'Université de Paris, en fonda de nouvelles, ouvrit de nombreux collèges, où bientôt accourut une studieuse jeunesse, avide d'une gloire autre que la gloire des armes. Dans ces collèges se formèrent des hommes de talent, qui, devenus maîtres à leur tour, propagèrent les lumières qu'ils avaient acquises. Albert-le-Grand, le naïf historien de la Bretagne; Froissard, cet autre historien célèbre; Jean Gerson, l'auteur de l'Imitation de Jésus-Christ; le sire de Joinville, saint Thomas-d'Aquin, et plusieurs autres non moins célèbres illustrèrent ce règne.

La vénération et l'amour des peuples entourèrent un roi si grand et si sage; la Normandie comparant le sort qui lui était fait à son passé si rempli de douleurs, et le maître héroïque qu'elle s'était donné au faible et insolent roi qui luttait en Angleterre contre ses barons révoltés, s'attacha de cœur à Louis IX, et commença à se regarder comme française.

La reine Blanche, dont la mémoire ne sera jamais séparée de celle de saint Louis, le secondait de tout son pouvoir dans l'exécution de ses nobles desseins, et le roi ayant, pendant une maladie qui faillit le ravir à son peuple, fait vœu de marcher au secours de l'Orient, la vertueuse princesse fut, comme lors de l'avènement de son fils, chargée de la régence.

Jérusalem, prise et reprise différentes fois, était restée au pouvoir de Mélik-el-Salah, sultan d'Égypte. Aussi ce fut vers l'Égypte que le roi de France se dirigea avec la reine Marguerite, les princes du sang et la plupart des grands vassaux. Il débuta par la prise de Damiette. Ce succès aveugla les croisés, qui, malgré les exhortations et les exemples de Louis, se livrèrent aux plaisirs, au lieu de continuer à combattre. Le comte de Poitiers étant arrivé avec de nombreux renforts, on se dirigea sur le Caire. L'armée, surprise par l'inondation du Nil et décimée par la maladie, fut vaincue à la bataille de Massoure, et Louis tomba entre les mains des Musulmans avec vingt mille prisonniers.

Plus grand encore dans les fers que sur le trône, il se fit admirer de ses vainqueurs à tel point que, s'ils n'eussent craint qu'il les engageât à abandonner la religion de Mahomet, ils en eussent fait leur souverain à la mort de Melik-el-Salah. Le fils de ce prince ayant demandé à Louis Damiette et un million de besants d'or pour sa rançon, il fit cette fière réponse : «Un roi de France ne se rachète point à prix d'argent. » Il donna la ville pour lui-même, et la somme pour ses sujets captifs comme lui.

Marguerite de Provence se montra, pendant cette guerre, digne d'un si grand roi. Quand elle le vit prisonnier, elle craignit d'être prise par les Sarrasins, à qui sa beauté devait la rendre une précieuse capture. Elle demanda l'un des plus braves seigneurs de l'ar-

mée : « Sire chevalier, lui dit-elle, je vous prie et
» vous requiers, si je viens à tomber entre les mains
» de ces mécréants, que vous me passiez votre épée au
» travers du corps. »

— Ainsi ferai-je, madame, répartit le chevalier, car
j'y avais déjà pensé.

On ne sait ce qu'on doit le plus admirer de la prière de
la jeune reine ou de la réponse de ce fidèle serviteur.

Louis, délivré de sa prison passa quatre ans en Palestine, et ne revint en France qu'à la mort de la reine
Blanche. Il retrouva son royaume aussi florissant qu'il
l'avait laissé, et continua à travailler au bonheur de ses
peuples par des lois pleines de sagesse.

Un grand honneur lui fut alors décerné. Henri III,
ne pouvant dompter les révoltes de ses barons, qui se
plaignaient amèrement de lui, réclama l'arbitrage du
roi de France. Louis IX écouta les deux partis, et rendit
une juste sentence, qui toutefois ne satisfit ni le monarque anglais ni ses vassaux. Louis fut plus sensible aux
témoignages de ses sujets qu'à cette preuve de la haute
estime qu'il inspirait à ses voisins, et il y répondit par
un amour aussi sincère. Il enseignait à son fils comment
il devait se conduire quand la couronne lui appartiendrait. « Je te prie, lui disait-il, fais-toi aimer du peuple
» de ton royaume; car j'aimerais mieux qu'un Écos-
» sais vînt d'Écosse, et gouvernât bien et loyalement
» le peuple du royaume, que tu le gouvernes mal et
« apertement. »

En 1270, les succès des Mahométans décidèrent une
nouvelle croisade. Louis passa en Afrique, à la tête de
son armée et vint mettre le siége devant Tunis. Il attendit, pour presser l'attaque de cette place, l'arrivée de
son frère, qui ne pouvait tarder à le rejoindre; mais la
peste s'étant déclarée parmi les croisés, Louis, après
avoir vu l'un de ses fils succomber à ce fléau, en fut
atteint lui-même, et comprit qu'il fallait mourir.

Il donna encore une fois à son fils les conseils d'un
roi illustre et d'un vrai chrétien, consola ceux qui
l'entouraient, et, après s'être fait coucher sur la cen-

dre comme un pénitent, il rendit sa belle âme à Dieu, le 15 d'août 1270.

Philippe son fils combattit avec courage ; puis, ayant conclu avec les Musulmans une trève de dix années, il rapporta en France les os de son père.

Cette trève de dix ans devint une paix définitive. Les Anglais et les Écossais essayèrent encore de lutter contre les sultans ; mais la ville de Saint-Jean-d'Acré, dernier rempart des chrétiens en Orient ayant succombé, le royaume de Jérusalem fut anéanti sans retour.

PHILIPPE-LE-HARDI.

Philippe, à qui sa conduite en Afrique, après la perte de son père, valut sans doute le surnom de Hardi, recueillit un grand avantage des désastres de cette dernière croisade, en ce qu'il hérita des domaines de plusieurs seigneurs morts devant Tunis. Son règne n'est marqué que par le massacre des Français en Sicile, massacre connu sous le nom de Vêpres Siciliennes, parce qu'il s'accomplit à l'heure où, le lundi de Pâques 1282, devaient se chanter les vêpres à Palerme. Philippe fit marcher contre Pierre III, roi d'Aragon, auteur du carnage, une armée qui, trompée par le perfide espagnol, ne combattit point ; une flotte envoyée ensuite contre l'Espagne fut battue par l'amiral Roger de Loria, et Philippe II mourut peu de temps après.

PHILIPPE-LE-BEL.

Philippe IV, surnommé le Bel, conclut deux traités qui terminèrent la guerre entreprise par son père. Le mariage de ce prince réunit à la Champagne la Brie. La Marche et l'Angoumois y furent joints ensuite par un arrêt du parlement, établi à Paris par Philippe-le-Bel. Plus le royaume s'agrandissait, plus l'autorité du roi, si longtemps empêchée par des vassaux turbulents, s'affermissait et devenait redoutable.

Une circonstance imprévue amena une rupture entre Philippe et Édouard Iᵉʳ, roi d'Angleterre. Deux matelots, l'un anglais, l'autre normand, s'étant pris de querelle à Bayonne, celui-ci périt d'un coup de poignard. Pour venger leur compatriote, les Normands, qui étaient hardis navigateurs, se livrèrent à la piraterie, et dépouillèrent sans pitié tous les vaisseaux anglais dont ils purent s'emparer; les Anglais ayant rassemblé des forces, les battirent, les poursuivirent jusque dans le port de La Rochelle, s'emparèrent de cette ville, et la mirent au pillage. Philippe envoya des députés à Édouard, pour se plaindre de ce fait, et demander réparation. Édouard leur répondit par un refus. Cité alors, en qualité de vassal, devant la cour des pairs, il n'y comparut point; et Philippe, confisquant la Guienne, y envoya le connétable de Nesle, qui s'empara de plusieurs places fortes.

Édouard, après s'être allié l'empereur d'Allemagne, le comte de Flandre, le duc de Brabant et le comte de Savoie, déclara la guerre à la France. Philippe eut pour lui les Écossais, qui, sous la conduite de William Wallace, gentilhomme d'une taille gigantesque et d'un courage héroïque, battirent trois armées, et chassèrent les Anglais des montagnes de l'Écosse. Philippe fut moins heureux en Flandre. Une révolte s'étant organisée, sous le commandement de Pierre Konig, consul des tisserands, les Français qui se trouvaient à Bruges, furent massacrés. Robert d'Artois, envoyé pour écraser les insurgés, dédaigna de prendre contre ces roturiers les précautions indiquées par la prudence militaire, et il reçut à Courtrai l'échec le plus humiliant. Le roi de France et le roi d'Angleterre ayant ainsi à s'occuper de rétablir l'ordre chacun dans ses États, conclurent une trêve.

Le dernier évènement du règne de Philippe IV fut l'abolition de l'ordre des Templiers.

LOUIS X.—PHILIPPE-LE-LONG.—CHARLES-LE-BEL.

Louis X, surnommé le Hutin, eut à réprimer, comme tous ses prédécesseurs, les grands vassaux de la couronne, qui demandaient le droit de battre monnaie, et le rétablissement des combats judiciaires et des justices seigneuriales. Louis se garda bien de les leur accorder ; il protégea, au contraire, le peuple, et rendit une ordonnance par laquelle il établissait que, son royaume étant appelé royaume de France, il voulait que chacun y fût libre, et que tous les serfs pussent se procurer la franchise à de bonnes et convenables conditions.

Philippe-le-Bel, oubliant que la Normandie était une nouvelle possession qu'il fallait ménager si l'on voulait se l'attacher, l'avait chargée d'impôts sans le consentement de l'échiquier. Un profond mécontentement suivit ces mesures, et peu s'en fallut que la vieille province ne se soulevât contre les maîtres infidèles à leurs serments. Louis X fut obligé de prêter l'oreille aux réclamations qui lui furent portées lors de son avènement au trône, et de rendre aux Normands leurs libertés et leurs priviléges. Louis mourut en 1316, ne laissant que des filles. Peu de temps après, la reine mit au monde un fils, qui, sous le nom de Jean Iᵉʳ, ne régna que huit jours.

Les deux frères de Louis, Philippe-le-Long et Charles-le-Bel, régnèrent ensuite. Ce dernier étant mort sans héritier mâle, Philippe de Valois fut proclamé roi, en vertu de la loi salique.

PHILIPPE DE VALOIS.

Edouard III, roi d'Angleterre, fils d'Edouard II et ! 'Isabelle de France, fille de Philippe le Hardi, se trouvait, par sa mère, le neveu du dernier roi, dont Philippe de Valois n'était que le cousin germain. A ce titre, il réclama, comme lui appartenant, la couronne de France, et, pour commencer sa conquête, il donna à son fils Jean le titre de duc de Normandie.

Mais la province normande protesta contre l'usurpation de ce titre, en offrant à Philippe quatre mille cavaliers et quarante mille fantassins, pour l'aider à soutenir la guerre contre les Anglais. Philippe n'accepta pas toute cette armée; mais il promit aux députés que, quand il aurait fait la conquête de l'Angleterre, il la donnerait aux Normands, qui une fois déjà s'en étaient emparé, et qu'il partagerait les terres et les richesses de ce royaume entre les nobles, les évêques et les communes de Normandie. Le premier événement de cette guerre fut loin de justifier de telles promesses. Une bataille navale fut gagnée par les Anglais, en vue du port de l'Ecluse; Philippe y perdit trente mille hommes, et les Normands, tous leurs vaisseaux, qui revenaient chargés de marchandises. Edouard pénétra en Flandre; mais il fut repoussé devant Tournay, et Robert d'Artois, qui lui avait conseillé d'entreprendre cette guerre, ayant été vaincu à la tête de cinquante mille Anglais, une trêve d'un an fut conclue.

Sur ces entrefaites, la mort du duc de Bretagne, Jean III, fit éclater entre Jeanne de Penthièvre, épouse de Charles de Blois et Jean de Montfort, frère de cette princesse, une guerre qui dura trente ans, et qui vint compliquer la situation réciproque de la France et de l'Angleterre. Edouard III prit parti pour Jean de Montfort, et Philippe pour Charles de Blois, qui était son neveu.

La trêve expirée, Geoffroi d'Harcourt conseilla à Édouard de porter ses armes en Normandie, en lui disant que c'était un pays gras et plantureux en toute chose, qui n'avait pas vu les guerres depuis cent ans, et où ses gens trouveraient si grand profit qu'ils s'en sentiraient encore vingt ans après. Ce Geoffroi d'Harcourt était normand, et, après avoir été dévoué au roi de France, il était passé, on ne sait pourquoi, au service de l'Angleterre.

Docile à ce conseil, Édouard vogua vers les côtes de Normandie. Sa flotte, composée de mille vaisseaux, débarqua à la Hogue, à la grande surprise des Normands. Honfleur, Cherbourg, Valognes, Saint-Lô, tombés au pouvoir des Anglais, furent traités avec une cruauté extrême, et, selon la promesse du traître Geoffroi, enrichirent les soldats d'Édouard; car depuis qu'elle avait passé sous l'autorité des rois de France, la belle et fertile province était arrivée au plus haut degré de prospérité.

Pour animer la fureur de ses troupes, Édouard leur fit donner lecture de la lettre que les Normands avaient récemment adressée à Philippe, en le priant de leur permettre de faire la conquête de l'Angleterre. Rien n'échappa à leur vengeance : les campagnes furent dévastées, les châteaux rasés, les villages pillés, les villes incendiées, et, pour retrouver un semblable ravage, il faut remonter jusqu'aux invasions des pirates scandinaves, conduits par Rollon.

La Normandie jeta un long cri de détresse, auquel Philippe répondit en s'avançant, à la tête d'une belle et nombreuse armée, à la rencontre d'Édouard. Ce prince résolut alors de gagner la Flandre, en passant la Seine et la Somme ; mais ce plan était d'une exécution difficile, sinon impossible. Tous les ponts étaient gardés par les troupes françaises, et Édouard se vit sur le point d'être obligé de traverser de nouveau les provinces qu'il avait dévastées, pour regagner ses vaisseaux et s'enfuir en Angleterre. Le découragement s'était mis dans son ar-

4.

mée, et la faim allait lui faire poser les armes, lorsqu'un paysan indiqua à Edouard un gué par lequel il pouvait gagner les hauteurs de Crécy.

Crécy ! n'est-ce pas là un nom tout sanglant, inscrit dans les jours néfastes de la France ? N'est-ce pas la première de ces trois batailles si funestes où l'Anglais triompha par la faute des Français !

Edouard se fortifia sur la colline, en attendant l'arrivée de Philippe : il voulut vendre chèrement sa vie; car il n'avait nul espoir de vaincre, et ses soldats, moins courageux que lui, pleuraient leur pays et leur famille.

L'armée française s'avançait, indignée de ce que ces trente mille Anglais eussent osé l'attendre, et elle se promettait d'en faire bon marché. La nuit venue, Edouard réunit à souper les comtes et les barons. C'était un repas d'adieu, le dernier qu'il pensât faire; ce qui ne l'empêcha pas de dormir paisiblement jusqu'au jour. Alors il reçut la sainte communion, ainsi que son fils, le prince de Galles, et, ainsi préparés à la mort, ils se rendirent au milieu de leurs soldats, auxquels ils s'efforcèrent d'inspirer la résolution dont ils étaient animés.

Les Français accoururent bientôt, et furent étonnés de la contenance ferme et fière de leurs ennemis. Quelques vieux capitaines osèrent alors dire à Philippe qu'il serait prudent d'attendre, pour les attaquer, jusqu'au lendemain, afin que l'armée, exténuée par une course forcée, et trempée par une pluie d'orage, eût le loisir de se reposer. Philippe prêta l'oreille à ce conseil, et fit donner à ses généraux l'ordre de différer le combat. Le comte d'Alençon, frère du roi, et les gentilshommes de sa suite refusèrent d'obéir, et, entraînant le reste de l'armée, ils coururent sans ordre vers les Anglais, dont les flancs étaient couverts par un immense abatis d'arbres. Les Génois, qui formaient l'avant-garde, n'ayant pas su se servir de leurs arcs détendus par la pluie, et se voyant en butte aux traits des archers anglais, s'enfuirent, et leurs chefs ne purent les rallier.

Les chevaliers français s'élancèrent; mais leur marche fut obstruée par la déroute des Génois, et le roi Edouard commença de reprendre l'espoir. Attentif à profiter des fautes de ses ennemis, il attendit avec calme le moment d'employer un nouveau genre de machines de guerre. Quand il vit la fleur de la noblesse française se faire jour à travers la masse compacte de ses soldats, il fit un signe : un bruit semblable au tonnerre fit tressaillir les Français, qui se virent alors enveloppés d'une épaisse fumée. Ces redoutables machines, c'étaient des canons.

Un carnage épouvantable commença : rois, princes, ducs, comtes, chevaliers, hommes d'armes, tout tombait. Philippe, au désespoir, ne voulait pas survivre à cette sanglante défaite, il fallu qu'on l'emmenât de force loin du lieu du combat. De toute cette armée, la veille si brillante et si fière, cinq chevaliers seulement purent servir d'escorte au roi blessé.

Trente mille hommes et l'élite de la noblesse française périrent dans cette journée. Le prince de Galles, âgé seulement de treize ans, s'y conduisit en héros. « Je veux qu'il gagne ses éperons, avait dit Edouard, » et quand il le revit après la victoire, il lui tendit les bras en s'écriant :

— Vous êtes mon fils !

Ce jeune homme ou plutôt cet enfant était Edouard, fils aîné du roi d'Angleterre, le même qui devint si célèbre sous le nom de Prince-Noir.

Voulant profiter de la victoire, Edouard courut mettre le siége devant Calais. Cette place lui résista si longtemps, qu'il jura de la traiter avec la dernière rigueur, et lorsque les bourgeois, ne pouvant plus se défendre, entrèrent en capitulation avec lui, il exigea que six des principaux habitants vinssent nu-pied, la corde au cou, lui porter les clefs de la ville, et payassent ensuite de leur vie la noble défense de leur cité. Ces six victimes se trouvèrent, et, Eustache de Saint-Pierre à leur tête, elles se rendirent au camp, après avoir dit adieu à leurs familles, qu'elles ne devaient plus revoir. Edouard se montra longtemps inflexible ; mais, désarmé enfin par les prières de Philippine de Hainaut, son épouse, qui le conjura de ne point imprimer une telle tache à sa gloire, il fit grâce à ces généreux Calaisiens.

La guerre continuait en Bretagne, entre Jean de Montfort et Charles de Blois, ou plutôt entre les Anglais et les Français. Jean et Charles étaient l'un et l'autre dignes de ce duché de Bretagne, qu'ils se disputaient avec tant d'acharnement; le premier était un héros, le second un saint; mais le nom le plus glorieux de cette geurre est sans contredit celui de Jeanne de Montfort. Cette princesse soutint les droits de son fils, pendant la captivité de Jean, avec tant de hardiesse, tant de courage et de persistance que le récit de ses belles actions remplirait un livre tout entier. Cette histoire n'étant pas de notre sujet, disons seulement qu'après la mort de Jean de Montfort, la guerre continua entre la France, pour Charles de Blois, et l'Angleterre, qui soutenait le fils du défunt; que le vaillant du Guesclin, le héros breton, depuis connétable de France, y fit ses premières armes, et que cette terrible guerre, après avoir désolé la Bretagne pendant trente-quatre ans, et à diverses reprises la Normandie, finit par la bataille d'Auray, où Charles de Blois et la plupart des seigneurs de son parti furent tués. Cette sanglante défaite amena le traité signé à Guérande, en 1365, traité qui garantissait à la maison de Montfort la possession de la Bretagne.

En 1348, l'année qui suivit celle de la prise de Calais, la peste noire désola la France, exerça de cruels ravages en Normandie, et de plus terribles encore en Angleterre. La mortalité fut si grande, que les vivants suffirent à peine pour enterrer les morts. Il ne fallait plus, ce nous semble, songer à la guerre, les hommes n'avaient plus besoin de s'entre détruire; assez de place au soleil se faisait pour qu'ils pussent s'y sentir à l'aise, et pourtant il fallut l'intervention du pape Clément VI, pour désarmer les deux puissances, fatalement acharnées l'une contre l'autre. Cette trêve, comme nous venons de le dire, ne laissa pas long-temps en repos les peuples épuisés; Édouard voulant soutenir en Bretagne son allié, **Jean de Monfort**, et **Philippe de Valois**, envoyant sans cesse des renforts à Charles, son neveu, la guerre se ralluma.

Philippe mourut en 1350, laissant à son fils Jean II le royaume affaibli par tant de malheurs.

Depuis la réunion de la Normandie à la France, le fils aîné du roi portait le titre de duc de cette province; Jean fut le dernier auquel il appartint, Humbert II, seigneur du Dauphiné, ayant fait don de son domaine à Philippe VI, sous la condition qu'à l'avenir, l'héritier présomptif de la couronne porterait le titre de Dauphin.

JEAN-LE-BON.

Charles-le-Mauvais, roi de Navarre, ayant conspiré contre Jean, son beau-frère, celui-ci le fit arrêter à Rouen, où il se trouva avec ses partisans, et en fit décapiter quatre des principaux sous les yeux de Charles. Édouard III, qui soutenait la révolte du roi de Navarre, ne perdit pas cette occasion de reprendre les hostilités.

Une armée anglaise entra en France, sous les ordres du Prince-Noir, et ravagea l'Aquitaine et le Berry. Ces soldats, presque tous mercenaires, attirés par l'espoir du pillage, prenaient tout ce qui leur tombait sous la main, brûlaient et détruisaient tout ce qu'ils ne pouvaient emporter. Les pays qu'ils traversaient étaient complétement ruinés. On raconte, qu'outre les objets précieux, les bijoux, les vêtements dont chaque soldat était pourvu, ils remplirent cinq mille charrettes de l'or et de l'argent qu'ils enlevèrent.

Jean était sans armée, et ne pouvait arrêter ce torrent dévasteur. Il convoqua les états-généraux, et leur demanda des secours. Cette assemblée, présidée par l'archevêque de Rouen, accorda au roi cent mille hommes et cinq millions de livres pour l'équipement des troupes et les frais de la guerre. Jean eut bientôt réuni la moitié des forces consenties par les états, et il se mit à la recherche du Prince-Noir. Telle était la terreur qu'inspiraient ces bandes de pillards que, si l'on en eût cru la rumeur publique, leur invincible chef se fût trouvé dans deux ou trois provinces à la fois.

Jean, après avoir vaincu en Normandie, passa la Loire et rencontra enfin le prince de Galles. Il lui ferma l'entrée de la Guienne, lui coupa le passage de la Loire, et le serra tellement que les Anglais se crurent perdus. Le Prince-Noir, qui n'avait que six mille vagabonds, se voyant en face de cinquante mille hommes d'armes, commandés par la noblesse française, fit demander au roi Jean de le laisser retourner en Angleterre avec ses troupes, s'engageant à lui rendre tout ce qu'il avait pris, terres, hommes, argent, et à ne pas porter pendant sept ans les armes contre la France.

Jean pouvait accepter ces conditions, il ne voulut pas; il pouvait réduire par la famine cette petite armée, retranchée sur une hauteur voisine de Poitiers, il n'en eut pas la patience, et ordonna qu'on attaquât les Anglais. Pour arriver jusqu'à eux, il fallait franchir un étroit sentier; les chevaliers s'y engagèrent hardiment; mais bientôt les flèches anglaises les abattirent et blessèrent leurs beaux coursiers, qui, se ruant alors les uns sur les autres, portèrent le désordre dans l'armée. Le Prince-Noir, qui se rappelait la bataille de Crécy, reprit l'espoir, et, après avoir laissé ses archers porter encore le ravage chez les ennemis, il lança contre eux sa cavalerie. On entraîna loin du combat les fils du roi; Philippe, l'un d'eux, resta toutefois aux côtés de son père, qui, ayant mis pied à terre, combattit comme un héros. Mais la partie était désormais trop inégale; mieux eût valu un peu moins de valeur et un peu plus de sagesse. Les soldats anglais, alléchés par l'espoir d'une riche rançon, fondirent à l'envi du côté où se trouvait ce roi

.hevalier; ils l'entourèrent et le pressèrent de telle sorte, qu'épuisé de fatigue et ne pouvant plus soulever sa hache d'armes, dont il venait de se servir si courageusement, il fut forcé de se rendre, ainsi que son jeune fils, Philippe, duc de Bourgogne, celui qui lui avait si vaillamment tenu compagnie. Il en fut de même des chevaliers et des barons, qui avaient résisté jusque-là, et les Anglais se virent maîtres de tant de prisonniers que, ne pouvant suffire à les garder, ils les relâchèrent en leur faisant jurer, sur leur foi de chevalier, de venir payer leur rançon à la Noël.

Le roi de France fut courtoisement traité par le Prince-Noir. L'heure du souper venue, on le fit asseoir, ainsi que son fils et les princes du sang, à une table *moult haute moult bien couverte*, disent les historiens du temps, et, quelque prière qu'il en fît, le vainqueur ne voulut point y prendre place. Il n'avait pas encore, disait-il, conquis le droit de s'asseoir auprès d'un roi qui venait de faire de tels prodiges de valeur, et qui, bien que la chose ne fût point tournée à son gré, avait, ce jour-là, surpassé les mieux faisant. Il consola son captif en lui assurant qu'Édouard III lui rendrait toutes sortes d'honneurs, et, concluant avec lui une paix durable, s'honorerait d'être désormais son ami.

Édouard, moins généreux que son fils, ne se crut pas lié par ces promesses. Heureux de se voir débarrassé d'un ennemi, et rêvant la conquête de la France, privée de son chef, il enferma le roi Jean dans la tour de Londres.

La bataille de Poitiers fut bien fatale à la France; les capitaines anglais se la partagèrent, en quelque sorte. La Normandie échut à Robert Knolles, l'un des plus vaillants et des plus redoutables de ces chefs de bande. Tout devint la proie des vainqueurs, depuis le froment qu'attendait le sillon entr'ouvert jusqu'à la noble demeure féodale. Et jugez du malheur de tout ce peuple, auquel on enlevait le pain et les vêtements, dont on brûlait la cabane et massacrait les enfants; comme si ce n'eût pas été assez de l'ennemi pour le ruiner, les grands le pressuraient pour lui arracher la rançon des chevaliers captifs. Tant de maux en firent éclater un autre : les paysans, dépouillés et traqués comme des bêtes fauves, se révoltèrent ; et, transformant en armes terribles leurs instruments de labour, ils déclarèrent la guerre aux nobles ; guerre cruelle, acharnée, sans pitié ni merci, comme toutes les guerres civiles. Ce fut ce qu'on appela la Jacquerie, du nom d'un des chefs de l'insurrection, nommé Jacques et surnommé Bonhomme, à cause de son origine roturière.

Après les plus déplorables excès, la Jacquerie se retourna contre les Anglais ; il n'y avait plus de chevaliers pour combattre ces ennemis du royaume, il fallait bien que le peuple se défendît lui-même. Les Jacques normands donnèrent l'exemple ; après avoir fait la chasse aux vaisseaux anglais, ils traversèrent la Manche, et, usant de représailles, brûlèrent et pillèrent une des villes ennemies.

Le roi Jean, s'ennuyant dans sa prison, signa un traité par lequel il cédait à Edouard toutes les provinces possédées par les rois d'Angleterre au XIIIe siècle, et promettait quatre millions d'écus d'or pour sa rançon. Ce dauphin et les états rejetèrent ces conditions, et déclarèrent que la nation était résolue à faire bonne guerre aux Anglais. Le roi d'Angleterre se mit en campagne : beaucoup de places refusèrent d'ouvrir leurs portes ; mais les villages et les châteaux furent brûlés, et Edouard s'avança jusque sous les murs de Paris. Ne pouvant s'en rendre maître, il entama de nouvelles négociations, qui se terminèrent par le traité de Brétigny. Edouard garda Calais, ainsi que plusieurs autres fiefs, et obtint trois millions d'écus d'or. Jean fit son entrée à Paris le 13 décembre 1360, et fut salué par des acclamations unanimes. Ce pauvre peuple de France, oubliant tous les malheurs qui, pour lui, avaient résulté de la folle vaillance du roi, rendait hommage à la bravoure et aux souffrances du prisonnier.

Jean avait donné des otages à Edouard, en attendant

que les conditions du traité fussent remplies ; le duc
d'Anjou, l'un des otages, s'étant évadé, Jean, esclave
de sa parole, retourna à Londres et y mourut en 1364.

CHARLES-LE-SAGE.

Charles n'avait point hérité de l'humeur chevaleresque de son père ; mais la France avait besoin d'un
homme habile et prudent, qui sût gouverner au moins
autant que se battre, et qui réparât, par sa sagesse, les
désastres des deux règnes précédents : Charles fut cet
homme.

Il remit la conduite de ses armées à messire Bertrand
du Guesclin, et le chargea de chasser du royaume les
bandes de malandrins et de routiers qui le ravageaient.
Ces malandrins n'étaient autre chose que les soldats
mercenaires amenés en France par les Anglais ; on les
nommait aussi les Grandes-Compagnies.

Du Guesclin, le meilleur guerrier de son temps, était
digne de la confiance du roi. Il débarrassa d'abord des
pillards la Normandie, le pays Chartrain et la Bretagne ; mais comme ces bandes avides, repoussées d'une
province, se jetaient sur une autre, Bertrand, qui était
aussi rusé que brave, les prit tous à sa solde, et les
emmena guerroyer en Castille contre ce même Prince-
Noir qu'ils avaient d'abord servi. Pierre III, roi de Castille, avait fait mourir sa femme, qui était française,
Charles V avait entrepris de la venger ; et comme il
suffisait que la France embrassât une cause pour que
l'Angleterre se jetât dans le parti opposé, le prince de
Galles soutenait Pierre III.

Du Guesclin fit triompher Henri Transtamare, frère
de ce roi cruel ; ce ne fut pas sans beaucoup de peine ;
il fut même fait prisonnier et retenu longtemps par le
Prince-Noir ; mais quand il eut retrouvé sa liberté, il

fit une si rude guerre aux Anglais, qu'il ne leur resta plus en France que Calais, Bayonne et Bordeaux.

Le Prince-Noir mourut après s'être vu enlever toutes ses conquêtes ; son père ne lui survécut que d'un an.

« Voilà deux grands hommes de moins, dit Charles-le-Sage. » Et il fit célébrer pour eux un service, auqu il assista avec toute sa cour, rendant ainsi hommage la valeur des deux princes ses ennemis.

Sous le gouvernement ferme et prévoyant de Charles, la France commença à sortir de ses ruines, et la Normandie s'en releva plutôt qu'aucune autre province ; car, pour reconstruire l'édifice de sa fortune, nulle peine ne lui coûtait. Le commerce et l'agriculture, rendus à la sécurité, changèrent en peu de temps l'aspect de ce pays naguère désolé ; mais ce beau règne ne devait pas durer assez longtemps.

En 1379, la France perdit son connétable, et, l'année suivante, Charles-le-Sage alla le rejoindre dans les caveaux de Saint-Denis, où il l'avait fait inhumer.

CHARLES VI.

Le nouveau roi n'avait que douze ans, et il eût fallu, pour continuer l'œuvre réparatrice commencée par Charles-le-Sage, non-seulement un homme, mais un homme habile. L'avènement d'un enfant devait replonger le royaume dans l'abîme du malheur. Les oncles de Charles VI commencèrent par se disputer la régence, et dissiper le trésor si péniblement amassé par son prédécesseur. Ces ambitieuses menées des princes du sang enhardirent le peuple, et partout des révoltes éclatèrent. A Rouen, on se choisit pour roi un marchand drapier, qu'on promena en triomphe, et auquel toute la population prêta le serment de fidélité. Paris se souleva, et courut aux armes, tandis que le palais retentissait du bruit des fêtes. Les trois princes qui devaient parler au jeune roi des malheurs de ses sujets, ne l'entretenaient que de plaisirs, de jeux et de tournois.

Charles VI était brave, juste et bon, mais faible d'esprit et de corps; quand il vit par lui-même cette misère du peuple; quand, dans un voyage entrepris vers le midi de la France, il vit les campagnes nues et désolées, les habitants en haillons, les enfants mourant de faim; quand il vit les larmes et entendit les plaintes d'une foule de malheureux, lui qui avait vu tant de fêtes splendides, au début de cette chevauchée, il revint à Paris, le cœur saisi d'une vive douleur et d'un inexprimable effroi.

Quelque temps après, le duc de Bretagne s'étant révolté, il se mit à la tête de son armée pour aller châtier ce vassal félon. En traversant la forêt du Mans, le roi vit tout à coup devant lui un homme de mauvaise mine qui, saisissant la bride de son cheval, s'écria : « Arrête! tu es trahi!... » Cette vue, ces paroles, portèrent un coup terrible au roi; il devint furieux, et l'accès de fureur passé, il ne recouvra point la raison.

Alors recommencèrent les querelles de ses oncles, et la France se trouva partagée en deux grandes factions : les Bourguignons, partisans du duc de Bourgogne, et les Armagnacs, amis du duc d'Orléans. Ce dernier, qui s'était fait donner le gouvernement de la Normandie, et qui n'avait pu réussir à désarmer les bourgeois de Rouen, fut tué en 1407, un soir qu'il sortait de chez la reine Isabeau de Bavière, princesse tristement célèbre, qui ne songeait qu'à se divertir au milieu d'une cour brillante, et abandonnait dans la solitude son époux insensé. Le duc de Bourgogne fut accusé de s'être ainsi débarrassé d'un rival, et une guerre de trente ans, qui coûta la vie à plusieurs millions d'hommes, fut la suite de ce crime.

Nous n'entrerons pas dans le détail de ces sanglantes divisions, dont nos jeunes lecteurs trouveront le récit dans l'histoire de France, nous dirons seulement que le duc **Bourgogne**, trop faible pour résister aux **Arma-gnacs**, appela à son secours le roi d'Angleterre. Henri **V** répondit à cet appel. C'était un prince habile et brave qui, se souvenant de Crécy et de Poitiers, caressait l'espoir de reconquérir ce que ses aïeux avaient possédé en France. Le moment était favorable, et les Français, épuisés par des luttes intestines, ne sachant à quel maître obéir, n'étaient point en état de lui résister.

L'Angleterre, toujours disposée à guerroyer contre la France, mit à la disposition de son roi des hommes et de l'argent, et pendant que les préparatifs s'achevaient, Henri envoya des ambassadeurs, chargés de déclarer que ce serait lui, le roi d'Angleterre, qui succèderait à Charles VI, et qu'en attendant la mort de ce prince, il demandait la Normandie, le Maine et l'Anjou, avec la main de Catherine, fille de Charles VI, et huit cent cinquante mille écus d'or pour dot.

Ce roi était si redoutable qu'on prêta l'oreille à ses réclamations; seulement, au lieu des provinces qu'il désignait, on lui en offrit d'autres. Henri, qui n'avait pas besoin qu'on les lui accordât, puisqu'il pouvait les conquérir, mit aussitôt à la voile, et vint débarquer à Harfleur.

« Je tiens mon duché, s'écria-t-il, en posant le pied sur la terre normande; » mais le duché n'était plus anglais, et il le prouva.

Harfleur résista vaillamment à ses efforts, et ne céda qu'au bout d'un mois, après avoir éprouvé toutes les douleurs de la famine. Quand enfin les clés de la ville furent remises à Henri, il en chassa tous les habitants, sans leur permettre d'emporter quoi que ce fût, et quand la place fut devenue déserte, il se rendit nu-pieds à l'église, pour remercier Dieu de ce succès, qui, toutefois, lui avait coûté cher, car il avait perdu devant Harfleur bien du temps et des soldats.

La guerre, menaçant de traîner en longueur, si chacune des villes de Normandie résistait comme celle-là, Henri, qui s'était engagé à marcher vite, envoya défier le dauphin de France, jeune prince qui devait régner plus tard sous le nom de Charles VII. En attendant la réponse à ce défi, il prit la route de Calais, où il voulait se rendre, cette place forte étant un boulevard d'où il pouvait s'élancer, quand il le voudrait, sur le pays ennemi. Traverser la Normandie offrait des difficultés; mais, une fois entré en Picardie, Henri n'avait plus rien à craindre, les capitaines du duc de Bourgogne, qui tenaient cette province, devant favoriser ses entreprises. Les Normands harcelèrent tant qu'ils purent l'armée anglaise; mais le roi ne s'amusa point à batailler, et se hâta de gagner les frontières de la Picardie.

L'armée française, commandée par les plus puissants seigneurs du royaume, se réunit à Rouen, et se mit en marche pour couper au Roi d'Angleterre le chemin de Calais. La noblesse tout entière avait relevé le gant jeté par Henri au jeune dauphin, encore incapable de combattre. Quelques jours après, cette armée était à Abbeville, attendant avec impatience le moment d'attaquer le fier monarque anglais. Quant à celui-ci, il eût été perdu déjà sans la trahison d'un paysan des environs de Pont-Audemer, qui lui indiqua un gué par lequel passèrent ses troupes; puis sans la trahison plus criminelle encore du duc de Bourgogne, qui, oubliant son haut rang, pactisa avec les ennemis du roi et de la France.

Les seigneurs français, las d'attendre leurs adversaires, envoyèrent demander à Henri quand et en quel lieu il lui plairait de combattre; Henri répondit qu'il suivrait tout droit son chemin vers Calais, et que la première plaine vers laquelle les deux armées se rencontreraient serait le champ de bataille. Si les Français l'eussent attaqué alors, il est à croire que ses troupes, mal pourvues de vivres, et fatiguées par des marches forcées dans un pays dévasté, eussent été taillées en pièces; mais les chevaliers voulaient leur revanche des deux journées de Crécy et de Poitiers; ils voulaient triompher en bataille rangée de cette armée anglaise, si souvent victorieuse. Ils quittèrent donc la position qu'ils occupaient près d'Abbeville, et s'avancèrent dans la plaine d'Azincourt, qu'il fallait que le roi d'Angleterre traversât pour se rendre à Calais.

Henri, en s'apercevant de la faute commise par ses adversaires, se sentit plein d'espoir ; il se jeta à genoux, ses compagnons l'imitèrent, et, après avoir fait leur prière, ils continuèrent leur marche jusqu'en vue de l'armée française. Cette armée était forte de cinquante mille hommes, et Henri n'en avait que douze mille ; mais sa présence d'esprit et son habileté devaient suppléer au nombre. Quant aux Français, quand ils virent les archers anglais pauvrement vêtus, la tête couverte d'une coiffe d'osier, ils se prirent de pitié pour de tels ennemis, et se sentirent quelque scrupule d'écraser cette ribandaille. Ils passèrent la nuit à boire, à jouer, à se raconter mutuellement leurs exploits, et à parler de la victoire du lendemain ; les chevaliers ne voulurent pas quitter leur armure, et restèrent sur leurs chevaux, de peur de se salir, le terrain ayant été détrempé par de longues pluies. Les Anglais, eux, firent en silence leurs préparatifs ; et, rassurés par le calme confiance de leur roi, ils se disposèrent à se bien battre.

— Nos pères ont tous fait de bonne besogne en France, dit Henri à ses soldats au moment de l'action, faisons comme eux !...

Cette courte harangue, qui rappelait aux Anglais deux grandes victoires remportées sur deux armées françaises, non moins brillantes que celle qui se préparait à les attaquer, les électrisa, et ils attendirent, avec une impatience contenue toutefois, le signal du combat.

Ce signal fut enfin donné : les chevaliers voulurent courir à l'ennemi ; mais leurs chevaux, enfoncés jusqu'aux jarrets dans une boue gluante, ne purent avancer qu'à grand'peine. L'avant-garde seule pu combattre, et, en butte aux flèches des Anglais, elle ne tarda pas à éprouver le même sort que celle de Crécy et de Poitiers. Les chevaux blessés y portèrent le désordre. Quand les archers du roi Henri eurent vaillamment fait leur devoir, toute son armée s'élança, le sabre, la hache ou la masse d'armes au poing, au milieu des escadrons français, et la mêlée devint horrible. Le roi d'Angleterre y courut les plus grands risques; dix-huit gentilshommes français l'attaquèrent, il se défendit contre tous, et paya si bien de sa personne qu'il parvint à s'en délivrer. Il y eut de part et d'autres d'héroïques actions; mais, avant que les soldats de Henri se fussent précipités sur leurs nemis, ceux-ci étaient déjà vaincus par les flèches des chers.

Les Anglais, qui n'étaient, comme nous l'avons dit, que douze mille hommes, firent plus de douze mille prisonniers; ce que voyant le roi, il ordonna à ses soldats de les égorger. Ce fut un horrible carnage, rendu plus horrible encore par la furieuse rapacité de ces Anglais. Forcés, par ordre de leur chef, de renoncer aux rançons sur lesquelles ils comptaient, ils se précipitaient sur leurs victimes mourantes, les dépouillaient de leur or, de leurs armures et de leurs vêtements. Quinze cents prisonniers seulement furent épargnés; ce furent les ducs d'Orléans et de Bourbon, les comtes d'Eu, de Vendôme et de Richemont; enfin la plus vieille et la plus riche noblesse de France.

Le roi d'Angleterre, les ayant achetés à bas prix aux soldats qui s'en étaient saisis, les envoya dans son royaume, afin d'achever la conquête de la France, et de les mettre à la rançon quand, la guerre finie, il n'aurait plus rien à craindre d'eux.

Telle fut l'issue de la bataille d'Azincourt, perdue, comme les fatales journées de Crécy et de Poitiers, par l'imprudente et présomptueuse ardeur de la noblesse française.

Désormais Henri ne pouvait prétendre à tout. En attendant qu'il prît Paris, ce qu'il avait résolu de faire dès le retour de la belle saison, il revint en Normandie, et alla mettre le siége devant la ville de Caen. La place ne put tenir longtemps, et le roi d'Angleterre la traita comme il avait traité Harfleur : il en chassa les habitants, et les remplaça par des Anglais. Pour assurer des ressources à son armée, Henri y maintint une sévère discipline; il défendit, sous peine de mort, le pillage, l'incendie ou la dévastation des campagnes. Quand une ville lui ouvrait volontairement ses portes, il la traitait avec clémence ; mais il était impitoyable pour tout ce qui lui résistait.

Le duc de Bourgogne et le comte d'Armagnac seuls, qui n'avaient point assisté à la bataille d'Azincourt, eussent pu le combattre : mais le duc de Bourgogne, traître à la France, lui appartenait. Quant au comte d'Armagnac, après avoir vainement essayé de reprendre Harfleur, il revint à Paris ; mais, ayant été pris dans une émeute, il fut égorgé au fond d'un cachot.

Paris souffrait alors toutes les horreurs de la famine, et, pour s'en distraire, il se livrait à la cruauté. Chaque jour quelques victimes du malheur des temps étaient remises aux bourreaux, et le peuple accourait en foule pour se repaître de ce spectacle. La ville de Rouen envoya alors vers le duc de Bourgogne, en le suppliant de venir au secours de la Normandie ; il répondit à cet appel en faisant partir pour Rouen quatre mille hommes seulement. L'instant approchait où cette capitale allait être attaquée, et déjà Henri, qui, dans les contrées une fois soumises, faisait respecter la justice, avait lâché sur les campagnes avoisinantes huit mille Hollandais, troupe hardie et féroce, qui pillait les villages, détruisait les moissons, et ne laissait derrière elle que du sang et des ruines.

Quand le roi d'Angleterre se vit à la tête d'une puissante armée, et qu'il eut suffisamment fait ravager la campagne, il cerna la ville, qui, réduite à ses propres forces, résolut néanmoins de se défendre. Pendant sept mois la population donna l'exemple d'un courage héroïque, en résistant à tous les efforts des Anglais, et en leur enlevant même, dans de fréquentes sorties, une partie de leurs forces. Henri, voyant ses troupes décimées par ces hardis bourgeois, et commençant à craindre qu'elles n'y passassent tout entières, eut recours à la trahison. Il gagna le capitaine Le Boutteiller, qui tendit à ces braves Rouennais toutes sortes d'embûches. **Plus terrible encore que la trahison, la famine se fit** sentir dans ses murs, sans que personne parlât de se rendre. Un prêtre, navré de voir tant de gens de cœur mourir de misère, quitta la ville dans une sortie; et, traversant les lignes anglaises au péril de sa vie, il courut à Paris, et vint se jeter aux pieds du roi pour lui représenter les malheurs de la capitale normande, et le supplier de la secourir. Que pouvait ce pauvre roi, en proie à une mélancolie profonde et privé de raison ? Pleurer. Il pleura ; mais ses larmes ne soulagèrent pas la vaillante population qui mourait de faim.

Le bon prêtre le comprit, et, s'adressant au duc de Bourgogne, il lui dit quelle honte et quel remords ce seraient pour lui si les gens de Rouen, abandonnés par celui qui devait les secourir, étaient forcés de se donner au roi d'Angleterre, et le menaça, si ce malheur arrivait, de la haine et de la vengeance des Normands.

Au lieu d'envoyer une armée au secours de la ville assiégée, le duc de Bourgogne dépêcha vers Henri V un ambassadeur, que le roi ne voulut pas même entendre, prétendant qu'aucun de ceux au nom desquels il se présentait ne pouvait traiter avec les Anglais, et déclarant qu'il voulait la capitale de son duché, et qu'il l'aurait.

De ce jour, il serra la ville de plus près, et n'y laissa plus rien pénétrer ; il fit élever de hautes potences, afin que les Rouennais pussent voir, au-dessus de leurs murailles, le supplice de ceux d'entre eux qui tombaient au pouvoir du roi. Il n'y avait plus rien à manger dans la ville, et chaque jour la faim y faisait des victimes. Au lieu de se rendre, les Rouennais prirent une cruelle mais héroïque résolution, celle de renvoyer les bouches inutiles.

Voyez-vous ces hommes ou plutôt ces fantômes, au visage pâle et amaigri, embrasser en pleurant leurs femmes, leurs enfants, leurs pères, leurs vieilles mères, les chasser de leurs cité naguère si opulente, et qui aujourd'hui n'a plus de pain à donner à ses défenseurs. Les voyez-vous, s'armant de courage, hâter le départ de ceux qu'ils aiment, et que peut-être ils ne reverront jamais. Que de larmes ! que de sanglots ! que de déchirants adieux !... Le vieillard, courbé sous le poids des ans et des infirmités, essaie de prouver qu'il peut combattre encore; l'adolescent se saisit des armes de son père et veut mourir avec lui; la femme, qui n'a pas d'enfant en bas âge à suivre hors de la ville désolée, quitte les habits de son sexe pour demeurer aux côtés de son époux. Il n'y a pas un de ceux qui s'éloignent ainsi qui ne préférât mourir au lieu où il est né; mais non moins courageux que les guerriers, ils partent, afin que, délivrée de tous ceux qu'elle nourrissait en vain, la ville puisse résister quelques jours de plus.

Quelques jours ! n'est-ce pas l'avenir tout entier ? En quelques jours, Paris ne peut-il se porter au secours de la place assiégée; le roi, recouvrant un instant la conscience des maux qui affligent son peuple, ne peut-il appeler à lui une armée, et venir attaquer Henri V; le duc de Bourgogne, première cause de tant de maux, ne peut-il, saisi par le remords, laver la honte imprimée à son nom, en faisant lever le siège de la bonne ville normande, et en rejetant les Anglais dans leur île.

Hélas ! si un peu d'espoir vivait encore dans ces cœurs déchirés, il dut s'éteindre bientôt. Le roi Henri, sans pitié pour ces femmes, ces vieillards qui ne l'avaient point offensé, sans pitié pour les pauvres enfants nés d'hier, qui pleuraient sur le sein flétri de leur mère, reçut à coups d'épée ces malheureux, qui retournèrent inutilement vers la ville; il refusa de les laisser traverser son camp, et aller demander un asile à des terres moins ravagées; il leur fallut, entre les lignes ennemies et la cité fermée, vivre de l'herbe et des racines de la terre, et, malgré la dure saison, errer sans vêtements et sans asile. Ils étaient douze mille quand les portes de Rouen s'étaient refermées derrière eux; bientôt ce nombre fut diminué de plus de moitié, tant la faim, le froid et la douleur faisaient chaque jour des victimes parmi ces êtres si faibles et pourtant si courageux.

Malgré la cruelle mesure prise par les défenseurs de la cité, la mort y régnait en souveraine. On avait mangé

les chats, les chiens, les chevaux et jusqu'aux animaux
les plus immondes ; on avait rongé l'écorce des arbres,
on en était venu à faire des morts la pâture des vivants,
quand le roi d'Angleterre envoya vers la ville un parle-
mentaire. Il venait offrir, au nom de son maître, aux
habitants de Rouen, un repas pour le lendemain. Ce
lendemain était la fête de Noël, et les Anglais, qui la
célébraient joyeusement dans leur camp, voulaient, en
l'honneur du Dieu fait enfant pour l'amour des hommes,
se montrer miséricordieux envers leurs frères. La proposition du roi fut portée aux bourgeois assemblés, qui
y répondirent en le remerciant, et en lui assurant qu'ils
ne manquaient de rien. Quant aux femmes et aux enfants, ils reçurent, comme une faveur d'en haut, ce secours inespéré.

La fière ville tint encore, et quand cinquante mille
hommes eurent péri dans ses murs, elle résolut, plutôt
que de se rendre, de s'anéantir elle-même. On creusa
des mines, et l'on attendit la première attaque pour
s'ensevelir sous les ruines de la cité. Ce n'était pas ce
que voulait Henri ; il lui fallait la capitale de son duché,
mais non une capitale en ruines ; il envoya donc aux
Rouennais une capitulation par laquelle il accordait la
vie sauve à tous les habitants, excepté au chanoine
Pierre de Livet, au maître de l'artillerie Jourdain, et au
héros de ce siège, le vertueux Alain Blanchard.

Livet et Jourdain se rachetèrent de la mort, en payant
au roi d'Angleterre une forte rançon ; quant à Alain, il
n'était pas riche ; mais l'eût-il été, qu'il n'eût pas voulu,
disait-il, employer sa fortune à empêcher un Anglais de
se déshonorer. Et Henri V se déshonora, en effet, en
en voyant au supplice un ennemi qui lui avait si courageusement résisté, et qui, pendant ces longs jours de
misère, avait été la force et la consolation de la ville
entière. La fermeté d'Alain ne se démentit pas en face
de la mort qu'il avait bravée tant de fois ; et, condamné
par le roi, il fut plus grand en se livrant au bourreau
que le prince qui le regardait mourir.

Voilà de bien lugubres récits, mes jeunes amis ; mais

il fallait bien, puisque nous vous faisons l'histoire de la Normandie, que nous missions sous vos yeux ces tristes pages, qui sont peut-être les plus glorieuses de la ville de Rouen. Toutefois, à la gloire qui coûte si cher, il est bien permis de préférer l'auréole pacifique dont le commerce et l'industrie, dont le génie surtout, ont couronné depuis la vieille cité normande. Patience ! nous arrivons à la fin de ces sanglantes catastrophes; encore quelques années... Que la plus grande héroïne que la France ait produit se montre, qu'elle accomplisse sa miraculeuse mais courte mission, qu'elle vienne chargée de fers dans cette ville de Rouen, qu'un bûcher s'y élève, et qu'elle y monte; puis la Normandie redeviendra française, et les étrangers seront chassés de ce beau royaume si longtemps désolé.

Rouen devait, outre les têtes de ces trois chefs, payer à Henri V trois cent mille écus d'or. C'était une somme énorme, si l'on songe à la misère qui pesait sur le pays; mais si énorme qu'elle fût, il fallut la fournir; car le vainqueur l'exigea avec une barbarie digne du siècle de Rollon. Chaque maison fut envahie par des soldats, et les habitants n'en purent sortir qu'après avoir donné tout ce qu'ils possédaient.

Comme à Rollon, on offrit au maître de la Normandie une fille du roi de France, la princesse Catherine, avec la légitime possession de la Normandie et de la Guienne. Ce n'était pas assez pour Henri, il demandait encore la Bretagne, le Maine, la Touraine et l'Anjou, menaçant, si l'on ne voulait pas les lui accorder, de les prendre, et d'arracher au malheureux Charles VI la couronne qu'il était incapable de porter. Le duc de Bourgogne, qui avait fait ces propositions au roi d'Angleterre, reconnut enfin avec honte et douleur dans quel profond abîme il avait plongé sa patrie, et résolut de laver dans son sang la tache qu'il avait imprimée à l'un des plus beaux noms de France; il se rapprocha du dauphin qu'entouraient les restes de la noblesse et les derniers soutiens du trône.

Le jeune dauphin accueillit avec joie l'espoir d'une

réconciliation sincère, et il accorda au duc de Bourgo- gne une entrevue. Les deux princes se rencontrèrent sur le pont de Montereau; mais au moment où le félon se disposait à demander pardon à l'héritier présomptif de a couronne, les amis du dauphin, lui supposant de dé- oyales intentions, se jetèrent sur lui, et le massacrè- rent.

La mort du duc de Bourgogne, qui, direz-vous peut- être, avait bien mérité son sort, fut un malheur pour la France. Les haines près de s'éteindre se rallumèrent, et le nouveau duc de Bourgogne s'unit aux Anglais pour venger son père, et la guerre civile éclata de nouveau.

Paris, las de tant de souffrances, envoya son gouver- neur vers Henri V, pour lui offrir les clés de la ville. Il y entra sans que personne se présentât pour l'en empê- cher. Alors (1420) fut conclu le traité de Troyes, le plus honteux dont l'histoire puisse faire mention. Charles VI, sous l'influence de la reine Isabeau, déshéritait le dau- phin son fils, pour donner la couronne au roi d'Angle- terre, auquel il livrait en même temps sa fille Catherine. Toutefois, Henri ne devait prendre le titre de roi de France qu'après la mort de Charles VI, et tout faible, tout malheureux qu'il était, le monarque insensé vécut assez pour que ces deux couronnes ne fussent pas réunies sur le même front.

Deux ans après la signature du traité de Troyes, Hen- ri V mourut, plus puissant qu'aucun des rois ses prédé- cesseurs. Charles VI le suivit au tombeau trois ans plus tard, laissant aux prises la France soutenant le dauphin son fils, et l'Angleterre avide de recueillir pour un roi enfant l'héritage promis à Henri V.

CHARLES VII.

Lorsque Charles VII apprit, en Berry, la mort de son père, il se fit proclamer roi par les fidèles serviteurs qui l'entouraient; mais, trop faible pour tenir tête aux Anglais, il perdit peu à peu toutes ses provinces, et fut bientôt réduit au titre dérisoire de roi de Bourges.

Les Anglais allèrent mettre le siége devant Orléans, espérant, une fois maîtres de la Loire, soumettre facilement les provinces méridionales. Les meilleurs capitaines du temps, Lahire, Xaintrailles, La Trémouille, coururent au secours de la ville, qui fit bonne contenance, et soutint d'abord en riant les attaques des ennemis. Mais le siége continuant, et les vivres devenant rares, l'inquiétude s'y fit sentir, et ceux qui tenaient plus à la vie qu'à l'honneur se hâtèrent de fuir. Réduit à la famine, Orléans envoya des députés au roi pour lui demander des secours. Des secours ! Et le roi lui-même manquait de tout. C'était d'ailleurs un jeune homme d'un caractère insouciant et léger, plutôt fait pour le plaisir que pour les ennuis du trône ; aussi ses capitaines lui disaient-ils qu'il était impossible de perdre un royaume plus gaiement qu'il ne le faisait.

Malgré la valeur des assiégés, c'en était fait d'Orléans et de la France, si Dieu n'eût envoyé a Charles VII un ange sauveur.

En 1410, dans un hameau de la Lorraine, Isabelle, femme de Jacques d'Arc, pauvre laboureur, avait mis au monde une fille. Elle en avait déjà deux autres, qu'elle élevait pieusement, et auxquelles elle apprenait à aimer Dieu, et à prier pour le bonheur de la France. Elle donna les mêmes soins à Jeanne, cette dernière enfant qui lui était née, et elle reconnut bientôt, à l'avidité avec laquelle ses leçons étaient écoutées, à la docilité avec laquelle elles étaient mises à profit, que la bénédiction du ciel était sur la plus jeune fille. À mesure que Jeanne croissait en âge, elle croissait en raison, et son âme sensible s'affligeant de tous les maux dont chaque jour elle avait le spectacle sous les yeux, elle regrettait que Dieu ne lui eût pas donné le bras d'un homme, afin qu'elle pût mourir en combattant les Anglais.

Trois fois, au milieu des cris de terreur qui annonçaient l'approche des ennemis, elle avait fui, avec sa famille, l'humble toit qui les abritait tous, et cherché un refuge dans les bois ; elle avait vu passer les cavaliers, traînant à leur suite de pauvres prisonniers ; elle avait vu les blés et les vignes de la Lorraine foulés sous les pieds des chevaux ; elle avait vu l'incendie dévorer les chaumières, entendu les gémissements des laboureurs ruinés, et des paysans désormais sans asile. Elle pleurait alors, ne pouvant rien faire de mieux, et elle demandait ardemment au Seigneur de faire cesser tant de douleurs.

Dieu, qui avait humilié la France, mais qui ne l'avait point abandonnée, écouta la prière de Jeanne. Un saint enthousiasme remplit le cœur de la bergère, et une voix d'en haut retentissant en elle, lui ordonna de quitter son père, sa mère, son pays, de prendre l'épée, et de rejoindre l'armée enfermée dans Orléans. Cette voix lui promettait qu'elle délivrerait la place, et qu'elle conduirait le roi à Reims, pour qu'il y fût sacré.

Longtemps l'humble fille ferma l'oreille aux ordres du ciel ; il lui semblait que croire à ces pressentiments c'était commettre un énorme péché d'orgueil ; mais plus elle luttait, plus l'ordre devenait impérieux et menaçant... Vaincue enfin, elle fit à son père et à sa mère le récit de ce qu'elle éprouvait : elle leur dit les visions qui remplissaient son sommeil, visions pendant lesquelles les saintes et les martyres se montraient à ses yeux éblouis, et lui ordonnaient de la part de Dieu, de marcher au secours du gentil roi, et de délivrer le peuple de France.

Le laboureur accueillit en riant les confidences de Jeanne, mais Isabelle pleura ; les mères lisent mieux que les pères dans le cœur de leurs enfants ; elle comprit que la résolution de sa fille était inébranlable, et si elle ne devina pas ses triomphes, elle entrevit peut-être la cruelle mort qui devait les couronner.

Jeanne, obéissant à l'inspiration qui la poussait, se rendit à Vaucouleurs, auprès du sire de Beaudricourt qui en était gouverneur, et le somma, au nom de Dieu,

de lui faire donner un cheval et des armes, afin qu'elle
allât faire le siége d'Orléans, et faire sacrer le roi à
Reims. Beaudricourt haussa les épaules, et ordonna
qu'on renvoyât cette folle. Jeanne ne se rebuta pas;
quelques jours après, elle vint de nouveau trouver le
gouverneur, et lui dit de se hâter, car il n'y avait pas
de temps à perdre. Elle lui apprit que ce jour-là même
les meilleurs capitaines du roi venaient d'être battus en
essayant d'introduire dans la ville d'Orléans un convoi
de vivres: et elle protesta que, s'il ne la faisait partir
aussitôt pour porter secours à la place, il répondrait devant Dieu, par qui elle était envoyée, de tous les malheurs de la France.

Elle parlait avec tant de modestie et d'assurance à la
fois; il y avait dans son attitude et dans ses regards
quelque chose qui inspirait tant de respect, que le
sire de Baudricourt ne pouvant s'y soustraire, lui donna
un cheval, une épée, et l'envoya à Chinon, où était
alors le roi.

Admise à la cour, elle marcha droit à Charles VII. qui
s'était, à dessein, confondu dans la foule; elle se jeta à
ses pieds : « Dieu m'a envoyé vers vous, gentil sire,
lui dit-elle, pour faire lever le siége d'Orléans, et vous
faire sacrer à Reims en qualité de légitime roi de France. »

Les évêques l'interrogèrent; elle répondit de manière
à lever tous les scrupules; et le roi, reconnaissant de ce
secours que lui envoyait la Providence, la fit armer chevalier, et conduire à Orléans. Dès qu'elle parut dans
la place, l'espoir et le courage y revinrent; la rumeur
publique l'avait déjà désignée comme la libératrice de
la France.

Après avoir passé une journée en prières, Jeanne
voulut se mêler aux combattants. Son étendard à la
main, elle se montra partout : sur les murailles, à la
tête des convois, et sa seule présence intimida assez les
Anglais pour que la place fût promptement ravitaillée.
L'avenir semblait n'avoir pas de secrets pour elle. Elle
annonça un jour qu'elle serait blessée, et elle le fut; un
autre jour, en partant, elle commanda qu'on préparât à

souper pour un prisonnier qu'elle ferait; enfin elle connut l'arrivée du connétable Arthur de Richemont, qui venait avec des renforts au secours de la place, et alla au-devant de lui.

Bientôt la première partie de la mission de Jeanne fut remplie. Les Anglais, désespérant de s'emparer d'Orléans, s'enfuirent, poursuivis par la Pucelle, sans emmener, tant leur erreur était grande, ni leurs tentes, ni leurs prisonniers.

Jeanne d'Arc, qui savait que sa carrière serait courte, pressa Charles de la suivre à Reims. Cette marche à travers des provinces soumises aux Anglais fut moins un combat qu'un triomphe; les populations, restées françaises par le cœur, accouraient au-devant de l'armée royale, en tête de laquelle chevauchait l'héroïne. Chacun voulait la voir; on se prosternait sur son passage, et l'on rendait grâces à Dieu, qui avait enfin pris pitié de la France.

Toutes choses s'accomplirent comme la Pucelle l'avait annoncé : Reims ouvrit ses portes, et Charles VII y fut sacré. Jeanne assistait à la cérémonie, armée de pied en cap, et son étendard à la main. Quand l'huile sainte eut touché le front du roi, elle se jeta à ses pieds, lui déclara que sa mission était terminée, et le conjura de lui permettre de retourner au hameau où son père et sa mère l'attendaient.

Le roi ne voulut pas consentir à ce départ; en vain Jeanne objecta que Dieu ne lui avait pas ordonné de faire autre chose que ce qu'elle avait fait, en vain le supplia-t-elle, en pleurant, de lui laisser reprendre sa vie humble et ignorée, il lui répondit que le ciel ne s'était point expliqué sur l'avenir, que la volonté de Dieu était sans doute qu'elle achevât son œuvre en chassant les Anglais du royaume. Jeanne sentait le contraire; mais elle fut forcée d'obéir. Elle ne perdit rien de son courage, mais la confiance en sa mission, confiance qui faisait sa force, l'abandonna. Elle donna cependant encore un sage conseil au roi, en l'engageant à chasser les Anglais de Normandie; Charles ne le suivit pas; il voulait d'abord reprendre sa bonne ville de Paris. Elle y fut blessée, mais la ville n'en fut pas moins emportée. Les Anglais et les Bourguignons allèrent alors assiéger Compiègne. Jeanne se jeta dans la place, et dirigea, le jour même, une sortie contre les assiégeants. Elle porta l'alarme dans le camp ennemi; mais, entraînée par sa valeur, elle ne vit pas ses compagnons reprendre le chemin de la ville, et quand elle se présenta pour y rentrer, les portes étaient fermées.

La Pucelle, se voyant perdue, voulut du moins mourir les armes à la main; mais que faire contre une armée? Elle fut prise par un archer picard et vendue à Jean de Luxembourg.

La nouvelle de cette importante capture arriva promptement à Rouen, et lord Warwick, qui en était gouverneur, envoya sommer le duc de Bourgogne et le comte de Luxembourg de lui remettre Jeanne la sorcière, que le tribunal de l'inquisition réclamait. Des motifs d'intérêt persuadèrent à ces deux seigneurs d'obéir à l'ordre de Warwick, et de commettre ainsi l'action la plus lâche qu'il fût possible d'imaginer.

Cependant ils retardaient tant qu'ils le pouvaient l'instant de se couvrir de honte; le duc de Bourgogne avait emmené sa prisonnière à Arras d'abord, puis au château-fort de Crotay; mais quand il apprit que Compiègne était libre, que ses troupes et celles de ses alliés avaient été forcées d'en lever le siége, il eut un accès de dépit furieux, et, pour se venger, il fit conduire Jeanne à Rouen.

Les Anglais, dont Jeanne avait été l'effroi, firent éclater une joie extrême quand ils la virent en leur pouvoir; et leurs chefs, pour relever le moral de cette armée qui avait fui tant de fois devant une femme, et reconquérir le prestige dont ils étaient entourés jadis, quand la France les croyait invincibles, résolurent d'attribuer à un pouvoir diabolique les succès de la jeune héroïne, et de la faire périr par un supplice infamant. Ils l'accusèrent donc de magie, de sorcellerie, d'hérésie, et la traduisirent devant un tribunal qui leur appartenait.

Le 21 février 1431, Jeanne parut pour la première
fois devant ses juges, disons mieux, devant ses bourreaux, car la noble fille était condamnée d'avance. Elle
répondit à toutes les questions qui lui furent adressées
avec une modestie et un courage qui saisirent la foule
d'admiration, et qui étonnèrent et irritèrent ses juges.
Ils essayèrent de l'embarrasser par des discussions
théologiques, et la guerrière, redevenue fille des champs,
triompha de leur habileté en leur disant qu'elle avait
appris de sa mère à croire en Dieu, à espérer en sa
bonté, à l'aimer de tout son cœur. Telle était sa religion,
et personne n'en pouvait assurément professer une plus
pure.

Ne trouvant rien à incriminer sur ce point, ils voulurent qu'à son étendard fût attaché le charme qui la faisait vaincre, elle leur démontra la pauvreté de cette
assertion, en prouvant que cet étendard, qui portait les
noms sacrés de Jésus et de Marie, avait été renouvelé
plusieurs fois, la lance s'en étant rompue dans le combat. On lui demanda pourquoi elle avait tenu cet étendard lors du sacre du roi. « Il était à la peine, répondit-
elle, il était juste qu'il fût à l'honneur. »

On lui fit un crime d'avoir quitté son hameau et de
s'être dite envoyée de Dieu pour sauver la France, et la
meilleure preuve cependant qu'elle avait dit vrai, c'est
que cette délivrance, qui ne pouvait être obtenue que
par un miracle, Jeanne l'avait accomplie. On l'accusa
d'avoir choisi pour mot d'ordre quelques magiques paroles au pouvoir desquelles les ennemis ne pouvaient
résister. « Je disais, répondit-elle : Entrez hardiment
parmi les Anglais, et j'y entrais la première. »

On lui reprocha même d'avoir voulu s'enfuir du donjon du Crotay, comme s'il n'eût pas été permis à la captive, qui se savait vendue à ses plus cruels ennemis,
d'essayer de se dérober à leur fureur. Jeanne répondit
que son désir, en tentant de s'évader, était de marcher
au secours de Compiègne, dont tous les habitants, disait-on, seraient passés au fil de l'épée, si la place était
prise.

Les rôles étaient changés : les juges tremblaient, et l'accusée, belle et courageuse, les dominait de toute la hauteur de son innocence. Des murmures couraient parmi le peuple rouennais, tout prêt à prendre parti pour l'héroïne ; il fut décidé que le procès continuerait à huit-clos, et Jeanne ne fut plus interrogée que dans sa prison. Son calme ne se démentit pas, et malgré les tortures morales qu'on lui fit subir, malgré les apprêts de la torture physique à laquelle on la menaça de la soumettre, elle resta ferme dans sa foi, dévouée à la France, au roi, au roi qui l'abandonnait...

Les juges, désespérés de la voir inaccessible à la crainte et, forte de son innocence, éviter toutes les embûches, l'accusèrent comme d'un crime d'un fait qu'elle ne pouvait nier, d'avoir porté des habits d'homme. Il fallait à tout prix, même au prix de l'honneur de ces juges vendus à l'Angleterre, que l'héroïne française pérît : mais elle ne fut pas condamnée toutefois sans avoir trouvé des défenseurs. Les magistrats de Rouen eurent horreur de prendre part à ce procès infâme, et l'un d'eux, vénérable vieillard, blanchi dans le sanctuaire de la justice, déclara à ce tribunal indigne que la conduite de tels juges était un déshonneur pour le pays. Il leur reprocha de ne rien respecter dans cet horrible procès, d'accuser sans motif la plus noble fille de son siècle, sans lui laisser la liberté de se défendre, et déclara que c'était grande pitié et grande douleur que de la voir exposée aux ruses de pareils docteurs.

Ce magistrat se nommait Jean Sohier, et, sans doute, il eût payé de sa liberté et de sa vie la hardiesse avec laquelle il avait dit la vérité, s'il ne se fût retiré à Rome.

Les juges s'adressèrent alors au chapitre de Rouen, le priant de déclarer l'accusée coupable d'hérésie ; le chapitre, peu jaloux de s'associer à la honte dont allait se couvrir cet odieux tribunal, refusa cette décision ; il était temps d'agir cependant, car chaque jour ceux qui avaient été entraînés d'abord par les ennemis de la France, perdaient leurs préventions contre la jeune héroïne. Cauchon, évêque de Beauvais, dont le nom sera couvert d'un éternel mépris, demanda alors à l'université de Paris ce qu'il ne pouvait obtenir du chapitre de Rouen, et l'université prononça que Jeanne était sorcière.

C'était beaucoup; mais ce n'était pas assez; les Anglais voulaient que Jeanne s'avouât elle-même coupable, ou, du moins, qu'elle déshonorât par quelques paroles le roi qu'elle avait servi. Devant elle, les juges traitèrent Charles VII de roi hérétique et schismatique: Jeanne protesta, et proclama son gentil roi le plus noble chrétien des chrétiens. Et cependant que faisait-il, tandis que l'ange envoyé par le Seigneur pour le défendre, le protéger, arracher aux Anglais la couronne de France et la lui poser sur le front, était en proie à tant de douleurs? Que faisait-il, tandis que celle qu'il avait empêchée de retourner à sa douce vie des champs, gémissait enchaînée dans un cachot, qu'elle ne devait quitter que pour monter au bûcher!...

Où étaient les seigneurs qui lui avaient obéi comme à leur général? Pourquoi n'accouraient-ils pas, ces chevaliers, qui avaient juré de consacrer leur épée à la défense de l'innocence opprimée? Certes nulle cause n'eut plus que celle-là de titres à leur sympathie; une femme, seule au milieu d'une armée d'ennemis, poursuivie par la haine implacable, et convoitée par la farouche vengeance de ceux qu'elle avait vaincus! Hélas! les chevaliers, occupés à combattre ces Anglais dont la moitié de la France était encore couverte, songeaient sans doute à Jeanne; mais ils ne savaient pas à quelles extrémités se portaient ces étrangers sans cœur; car ils eussent tout quitté, sans doute, pour voler au secours de la pauvre Jeanne.

Elle attendait ce secours; elle ne pouvait se croire oubliée, abandonnée de son roi; il lui eût été trop pénible de l'accuser d'ingratitude; aussi se disait-elle tout bas, quand elle sentait son cœur faillir: Il viendra me délivrer!... Pourtant, au jour de sa splendeur, dans toute la gloire du triomphe, Jeanne avait eu le pressentiment de sa fin prochaine, et elle avait dit : « Je n'aurai guère qu'un an de durée. »

Quand les juges furent persuadés qu'ils n'obtiendraient de la prisonnière rien qui pût nuire à Charles VII, ils la condamnèrent comme hérétique relapse, à être brûlée vive.

En entendant cette cruelle sentence, la guerrière fit place à la jeune fille; Jeanne fondit en larmes. « Ah! s'écria-t-elle, pourquoi réduire en cendres mon corps qui n'a point contracté de souillure. Ah! j'en appelle à Dieu de toutes les cruautés qu'on me fait!... »

Outre cet appel à la justice suprême, Jeanne demanda que son procès fût porté à la cour de Rome, et soumis au saint père. On refusa de l'entendre, et on lui ordonna de se préparer sans retard à mourir.

Mourir si jeune! Elle n'avait pas encore vingt ans. Et pour quel crime? Pour avoir, poussée par un dévoûment sublime, abandonné sa houlette pour ceindre l'épée; pour avoir désigné à la France son souverain légitime, et rendre à l'armée l'énergie et la confiance qui lui manquaient; pour avoir fait reculer les vainqueurs de Crécy, de Poitiers, d'Azincourt, devenus les maîtres de la France.

Voilà précisément ce que ces maîtres humiliés ne pouvaient lui pardonner; c'était ses succès que Jeanne allait expier, et, de crainte que cette vengeance tant souhaitée ne leur échappât, ils ne voulaient accorder à leur victime ni trêve ni délai. Ils s'étonnaient de ce que le roi de France n'eût pas encore paru, à la tête de sa noblesse, pour la leur arracher, et ils tremblaient de le voir arriver. S'ils l'eussent pu, ils eussent refusé à Jeanne les dernières consolations des mourants, tant ils étaient pressés d'en finir avec cette sainte et courageuse fille.

Le premier mouvement de faiblesse passé, Jeanne reprit son calme. Que la volonté de Dieu soit faite, dit-elle; et ce mot, qui apaise toutes les révoltes de l'âme, qui endort toutes les douleurs du chrétien, revint à chaque instant sur ses lèvres. Elle demanda à recevoir les sacrements, et s'y disposa avec une ferveur toute particulière.

Le clergé rouennais, qui avait refusé toute participation dans le procès de cette pieuse martyre, voulut, en témoignage de ses sympathies pour tant de malheur et de vertu, lui apporter solennellement la sainte communion. Jeanne reçut avec foi et amour le pain du voyageur ; le voyage qu'elle avait à faire ne devait pas durer longtemps ; mais il était terrible. Ainsi fortifiée, l'héroïne retrouva toute sa courageuse dignité.

Au moment de monter sur la charrette qui devait la conduire au lieu du supplice, elle reconnut Cauchon, qui s'était mêlé à la foule émue des prêtres et des prélats. » Evêque, lui dit-elle, je meurs par vous, et je vous appelle au tribunal de Dieu. »

On ne dit pas quel effet ces paroles produisirent sur l'âme de cet indigne du titre sacré qu'il portait, indigne même du nom de français ; mais il ne rétracta point la sentence qu'il avait le premier prononcée. Jeanne avait quitté ses habits d'homme ; à la voir, vêtue d'une longue robe blanche, les cheveux flottants sur les épaules, les yeux élevés vers le ciel, où elle allait monter, on l'eût prise pour un ange. Le long des rues, la foule s'agenouilla sur son passage, comme jadis ; seulement, au lieu des cris de triomphe qui retentissaient alors, le silence se faisait autour d'elle, et plus d'une larme coulait sur son sort.

Huit cents Anglais précédaient et suivaient la charrette dans laquelle étaient assis auprès d'elle un huissier et deux prêtres, qui lui parlaient du bonheur des cieux. Ce ne fut qu'arrivée au pied du bûcher que Jeanne perdit sans retour l'espoir de sa délivrance. Deux larmes coulèrent le long de ses joues ; et elle s'écria : « O Rouen ! Rouen ! je devais donc mourir dans tes murs !

Le bûcher avait été élevé de façon à ce que toute l'armée anglaise pût voir le supplice. La victime s'agenouilla et pria, tandis qu'un des docteurs de l'université de Paris prononçait contre elle des malédictions qu'elle n'entendait pas.

« Priez pour moi ! » disait-elle à tous les assistants, aux prêtres, aux soldats, aux bourreaux même. Il n'y avait pas jusqu'à ses juges qui, touchés de sa courageuse et sublime résignation, n'eussent les larmes aux yeux.

L'héroïne, après avoir invoqué le Seigneur et tous les saints, monta sur le bûcher en répétant dans son cœur: « Que la volonté de Dieu soit faite. » Attachée au poteau qui surmontait cet énorme bûcher, auquel chaque Anglais avait voulu apporter un peu de bois, demanda à baiser encore une fois la croix. Le frère Martin, son confesseur, voulut, pour lui procurer cette dernière consolation, s'élancer à travers la flamme qui commençait à s'élever, elle l'en empêcha; alors un des soldats qui entourait le bûcher rompit un bâton, en fit une croix et la lui tendit. Jeanne la lui prit avec reconnaissance, la baisa et la retint pressée contre son cœur.

Elle demanda à Dieu le pardon de ses bourreaux, le pardon du roi ingrat qui la laissait mourir, et elle pria que la cité, témoin de son supplice, n'en fût jamais punie.

Son dernier soupir fut le nom de Jésus, et quand elle l'eut prononcé, une colombe, si l'on en croit la ville entière, sortit du bûcher. Chacun reprit alors en silence le chemin de sa maison, où il s'enferma pour se frapper la poitrine et implorer le pardon du grand crime qui venait d'être commis. Les soldats anglais étaient saisis d'effroi, et plusieurs d'entre eux disaient: « Nous sommes perdus ! nous avons fait mourir une sainte. » Le bourreau lui-même, habitué à remplir en paix sa sanglante mission, fut pris d'un remords cruel, et, le soir même, s'agenouilla aux pieds du confesseur de Jeanne en s'accusant d'avoir brûlé une innocente, une martyre.

La nouvelle de la mort de l'héroïne française fut reçue partout avec indignation; elle mit le comble à la haine qu'on portait aux Anglais et les chargea du mépris des peuples. Le duc de Bedfort, régent d'Angleterre, conduisit à Paris le jeune Henri VI et le fit sacrer à Notre-

Dame, mais ; après la tache imprimée à leur nom, les Anglais ne pouvaient devenir les maîtres de la France. De toutes parts s'élevèrent contre eux des ennemis ; le peuple voulut venger la noble guerrière sortie de son sein, et les chevaliers, honteux et désolés de n'avoir pu la sauver, voulurent du moins achever l'œuvre qu'elle avait commencée et chasser du royaume ces lâches assassins.

L'horreur causée par ce supplice fut plus grande à Rouen que partout ailleurs, et l'aversion que cette malheureuse cité portait à ses vainqueurs en fut encore augmentée. A la faveur d'une nuit obscure, cent hommes résolus s'emparèrent, sous la conduite du chevalier Ricarville, du château de Rouen et en massacrèrent la garnison. L'armée entière marcha contre eux, et Ricarville fut pendu avec tous les siens. Une révolte éclata alors dans Rouen, mais elle échoua faute d'ensemble, et la ville demeura encore quelque temps sous la domination anglaise.

Quatre ans après le supplice de Jeanne d'Arc, la Normandie seule appartenait encore aux étrangers; mais le duc de Bedfort étant mort, le duc de Bourgogne qui, renouvelant la trahison de son père, avait traité avec ce prince, las enfin de tant de honte, se rapprocha de Charles VII et marcha vers Calais, tandis que Paris ouvrait ses portes à son roi légitime. La perte de cet allié affaiblit les Anglais, ceux de Paris se retirèrent à Rouen, et s'ils tentèrent depuis, avec succès, quelques coups de main, ils perdirent chaque jour un peu de leurs conquêtes. La division s'était d'ailleurs mise parmi eux et les affaiblissait comme elle avait affaibli la France ; les deux partis d'Yorck le Lancastre rappelaient ceux de Bourgogne et d'Armagnac. L'armée, ne recevant de secours ni d'hommes ni d'argent, ne fut bientôt plus en état de lutter contre les troupes rassemblées autour de Charles VII. Un grand nombre de places de la Normandie furent reprises par les Français, à la grande joie de leurs habitants. L'armée victorieuse s'avança alors vers

Rouen. Le duc de Sommerset et lord Talbot, qui commandaient les Anglais, reconnaissant l'impossibilité de défendre la ville, se retirèrent avec leurs soldats dans la
citadelle; les bourgeois de Rouen ouvrirent leurs portes
au roi, et s'unirent à lui pour attaquer la garnison du
fort. Le duc de Sommerset, vivement pressé par cette
armée royaliste et cette armée bourgeoise, rendit la cita-
telle et livra Talbot à Charles VII.

Les autres villes normandes rentrèrent presque aussitôt sous l'autorité française, et enfin il ne resta plus à
l'Angleterre, de tout ce qu'elle avait possédé sur le continent, que la seule ville de Calais. Cette ville, toute
peuplée d'Anglais et savamment fortifiée, devait leur
appartenir longtemps encore; elle ne leur fut enlevée
que par le duc de Guise en 1558.

Charles VII, parvenu à établir solidement son trône
et à pacifier son royaume, eut à réprimer les tentatives
ambitieuses du dauphin, son fils, depuis roi sous le nom
de Louis XI. Ce jeune prince, qui avait vaillamment
combattu en Normandie et courageusement aidé à l'ex-
pulsion des Anglais, fomenta des troubles dans cette
province et voulut s'en faire proclamer duc par les évêques et par les seigneurs. Pour le punir, le roi l'exila.
Il se retira à la cour du duc de Bourgogne, et essaya de
réunir une armée pour marcher contre son père. Il ne
réussit pas dans cette entreprise impie, mais il n'en fut
pas moins parricide; car le roi Charles VII, craignant
d'être empoisonné par ce fils rebelle, se laissa mourir
de faim.

LOUIS XI.

L'avènement de Louis XI au trône de France fut si-
gnalé par la formation de la ligue du bien public. Ce
nom pompeux cachait bien des ambitions et des riva-

lités ; la plupart des grands seigneurs y entèrent, et le duc de Berry, frère du roi, en fit partie. Ce prince réslama la Normandie comme apanage, et, ayant essuyé un refus, il résolut de prendre ce qu'on ne voulait pas lui donner. La province resta d'abord fidèle au roi, d'après le conseil et l'exemple de son gouverneur, le sénéchal de Brézé, celui-là même dont le tombeau orne encore aujourd'hui la cathédrale de Rouen. Il fut tué à la bataille de Montlhéry, et Louis XI conserva à ses enfants le gouvernement du château de Rouen, sous la tutelle de leur mère. Mais la dame de Brézé, peu reconnaissante de cette faveur, trahit le roi et ouvrit au duc de Berry les portes du château dont elle avait la garde.

La multitude, qu'on séduit facilement par des promesses, accueillit son nouveau maître avec enthousiasme ; le bailli, plus sage que les autres, parla en vain de la vengeance du roi, on ne voulut pas l'entendre. La conduite de Louis XI sembla donner un démenti à ses prévisions ; au lieu d'attaquer la Normandie, qui, tout entière, avait suivi l'exemple de Rouen, ce roi, le plus rusé qui jamais se soit assis sur aucun des trônes du monde, feignit d'accorder à son frère le duché dont il s'était emparé et signa avec les chefs de la ligue du bien public le traité de Conflans, qui les désarma tous et rendit la paix au royaume. Alors commencèrent les vengeances du roi ; aidé du bourreau Tristan, qu'il nommait son compère, il se débarrassa des seigneurs qui lui faisaient ombrage ou qui avaient trempé dans cette ligue.

Quelque temps après, il pénètre en Normandie à la tête de son armée, soumet la province et entre dans Rouen en maître irrité. Il châtie les coupables et fait déclarer par les États que la Normandie ne sera plus, à l'avenir, détachée de la couronne, même pour être donnée au fils ou au frère du roi ; enfin quand, après le traité de Péronne, le duc de Berry vient demander pardon à Louis XI, celui-ci se fait remettre l'anneau ducal de Normandie, et le fait briser publiquement par le gouverneur de la province pendant une des séances de l'Echiquier.

Depuis cette époque, la Normandie ne fut plus séparée de la France, et si elle occupa moins l'histoire, elle jouit d'une paix et d'une prospérité qui lui firent oublier les gloires sanglantes des siècles que nous venons de parcourir.

Sous Charles VIII, Louis XII, François Ier, Henri II, la Normandie s'enrichit par son commerce et son industrie, auxquels la découverte de l'Amérique offrit de nouveaux débouchés. Le peuple normand est essentiellement actif et laborieux; il est plein d'intelligence et possède, en outre, cette qualité précieuse qui contribue le plus au succès, la patience. Quand naquirent les guerres de religion, cette province était riche et puissante. Elle eut beaucoup à souffrir de ces cruelles dissensions.

Le 15 avril 1562, les Huguenots s'emparèrent de Rouen. Leur fureur éclata surtout contre les édifices religieux et contre les ministres du culte. Les trente-six églises de la ville furent pillées, des bûchers s'allumèrent, et les tableaux, les sculptures en bois, les orgues, les ornements et les vases sacrés y furent jetés, tandis qu'une multitude insensée hurlait autour de ces bûchers les cantiques des réformés. Le parlement fut chassé de Rouen et se retira à Louviers. Il prononça la condamnation de tous ceux qui avaient pris part à ces excès, et d'atroces vengeances commencèrent; plus d'un innocent périt pour le coupable, et Louviers vit, dit-on, soixante exécutions par jour.

Il fallut que le chancelier de l'Hospital envoyât donner au parlement, emporté par son zèle, l'ordre d'user de clémence envers les huguenots.

Enfin, la fatale journée de la Saint-Barthélemy arriva, et bien des haines, bien des vengeances particulières s'abritèrent sous le manteau d'une religion qui ne prêche que l'amour du prochain et le pardon des injures. On sait que le massacre des protestants, qui avait commencé à Paris, devait continuer dans toute la France;

la Normandie eut à déplorer des scènes de carnage;
mais, plus que tout autre province, elle eut à se réjouir
de rencontrer, au milieu de tant de fureurs, des cœurs
généreux et humains. Jean Hennuyer, évêque de Lisieux, donna asile aux réformés dans son propre palais,
et les protégea contre leurs assassins. « Ce sont des bre-
bis égarées, il est vrai, dit-il; mais je n'en suis pas
moins le pasteur, et je les défendrai même au péril de
ma vie. » Le gouverneur de Rouen et le cardinal de
Bourbon s'efforcèrent de soustraire aussi ces malheu-
reuses victimes à la mort. A Dieppe, à Alençon, à Saint-
Lô, les ordres du roi rencontrèrent une opposition non
moins généreuse.

Le remords qui saisit Charles IX après cette funeste
journée eut bientôt détruit ses forces; en proie à de
mortelles terreurs, il essaya de les chasser en fuyant sa
capitale, et ce fut vers la Normandie qu'il dirigea ses
pas. Mais ni l'air pur, ni les doux ombrages, ni les riches vallées de ce beau pays ne purent distraire le roi;
cette riante verdure, ces maisons dorées, il ne les voyait
pas; il tomba dans une mélancolie profonde qui le pré-
cipita dans la tombe à l'âge de vingt-trois ans.

HENRI III.

Le règne d'Henri III vit continuer ces terribles querelles et commencer la ligue. A la tête de cette ligue
étaient le duc de Guise, Henri le Balafré, le cardinal de
Guise son frère. Ces princes voulaient empêcher la couronne de passer, après la mort de Henri III, sur la tête
du roi de Navarre, qui en était le légitime héritier, mais
qui professait la religion réformée. Si cette couronne
était enlevée à Henri de Navarre, elle pouvait revenir
au duc de Guise, sans contredit plus puissant déjà en
France que le roi lui-même. Toutefois Henri de Navarre
ou Henri de Béarn n'était pas disposé à se laisser dé-

pouiller ainsi ; soutenu par des huguenots, il combattit
vaillamment les troupes royales, et remporta sur elles
plusieurs avantages.

Le duc de Guise accusa Henri III de trahir la ligue en
faveur du Béarnais, et le peuple de Paris, se soulevant,
proclama Henri de Guise roi de France. Henri III s'enfuit, et, trop faible pour l'emporter ouvertement sur le
duc de Guise, il le fit assassiner, ainsi que son frère le
cardinal. Ce meurtre exaspéra plus que jamais les Pari-
siens, et Henri III, ne voyant plus d'autre ressource, se
rapprocha du roi de Navarre son cousin. Leurs armées
réunies allaient attaquer Paris, quand Henri III périt
sous le couteau du fanatique Jacques-Clément (1589).

HENRI IV.

Henri IV, abandonné par un grand nombre de soldats
catholiques, vivement pressé par le duc de Mayenne,
chef de la ligue, s'éloigna de Paris, où Mayenne avait
promis de l'amener pieds et poings liés, et entra en
Normandie. Les ligueurs le poursuivirent, et une bataille fut livrée à Arques. Henri, l'un des plus pauvres
gentilshommes de son royaume, manquait de tout ; mais
il avait assez de courage, de résolution et de sagesse
pour arriver au trône : « Enfants, dit-il à ses soldats
avant la bataille, si les étendards vous manquent, ral-
liez-vous à mon panache blanc ; vous le trouverez toujours au sentier de l'honneur. »

Les trois mille hommes qu'il commandait défirent
complétement les trente mille soldats de Mayenne, et le
roi en donna aussitôt, en ces termes, avis à Crillon,
l'un de ses capitaines : « Pends-toi, brave Crillon ; nous
avons combattu à Arques, et tu n'y étais pas. Adieu, je
t'aime à tort et à travers. »

L'année suivante, la bataille d'Ivry enleva trois mille
hommes à Mayenne et au duc de Parme, qui comman-

dait les Espagnols venus au secours de la ligue. Henri
assiégea ensuite Rouen, qui lui résista. Ne pouvant s'en
emparer, il alla cerner Paris. Cette ville, en proie à la
fureur des factions et à la tyrannie des Espagnols, fut
réduite à une telle famine, que des mères y mangèrent
leurs enfants. Au récit de tant d'horreurs, Henri IV,
touché jusqu'au fond de l'âme, fit passer des vivres
dans la place, et accueillit dans son camp les bouches
inutiles qu'on avait envoyées. « J'aimerais mieux, dit-
il, n'avoir point de Paris que de l'avoir tout ruiné et
tout dissipé par la mort de tant de personnes. »

Cette humanité du roi eut pour résultat immédiat de
le forcer à lever le siège ; mais elle lui concilia plus
tard la vénération et l'amour de ses peuples.

La ligue s'affaiblissait de jour en jour, et le roi
Henri IV, s'étant décidé à abjurer le calvinisme, elle se
trouva dès-lors sans objet. Le pape accorda l'absolution
à Henri, et le déclara légitime héritier du trône de
France. Mayenne se soumit, et Paris ouvrit ses portes
au roi dont le peuple garde encore aujourd'hui le souvenir. La clémence était une des vertus de ce prince, il
le prouva en pardonnant à tous ses ennemis, et en leur
pardonnant du fond du cœur.

En 1595, le roi tourna ses armes contre les Espagnols,
reprit les villes du nord dont ils s'étaient emparés, et
conclut avec eux le traité de Vervins. En même temps il
assura la paix intérieure en accordant aux protestants
l'édit de Nantes, qui leur garantissait le libre exercice
de leur religion, leur donnait droit à tous les emplois,
et mettait en leur pouvoir plusieurs villes de sûreté.

Henri mit tous ses soins à relever la France de ses
ruines. Aidé de Sully, dont le nom ne sera jamais séparé
de celui de son roi, il rétablit l'ordre dans les finances,
licencia les troupes inutiles, fit fleurir le commerce et
l'agriculture. « Le pâturage et le labourage sont les deux
mamelles de la France, disait Sully. » Les dettes de la
couronne furent acquittées, des canaux furent creusés.
Paris fut agrandi et embelli, des ponts furent construits,
des faubourgs pavés, et, chose merveilleuse, les impôts

furent diminués de plus de moitié. Le duc de Sully, jaloux de la gloire de son maître et du bonheur de la France, était infatigable; il parcourait les provinces, étudiait les besoins et les ressources de chaque pays, y rétablissait l'ordre et le travail, et remplissait les caisses du roi, sans fouler les sujets, parce qu'il savait empêcher le gaspillage qui jusque-là avait dévoré sans profit les sueurs des peuples.

Le commerce et l'industrie firent de grands progrès : Lyon commença à fabriquer les étoffes d'or et d'argent, tandis que Rouen, Elbeuf, Louviers, et d'autres cités normandes produisaient des toiles de coton et des draps. Henri établit des manufactures de tapisseries, des glaces à la façon de celles de Venise, il fit planter des mûriers, et introduisit en France les vers à soie. Saint-Germain, Monceaux, Fontainebleau et le Louvre, furent en partie son ouvrage. Dans ce palais, il logea des artistes qu'il se plut à encourager et à visiter. Il fut le véritable fondateur de la bibliothèque royale, et Paris, grâce à ses soins, répara si bien ses désastres que l'ambassadeur d'Espagne qui avait vu cette ville lors de la ligue, avoua qu'il ne la connaissait plus. « C'est qu'alors le père de famille n'y était pas, lui répondit le roi; aujourd'hui qu'il a soin de ses enfants, ils prospèrent. »

Henri IV disait à Sully : Je ne serai content que quand le plus pauvre paysan de mon royaume pourra mettre la poule au pot tous les dimanches. Sully était digne de comprendre ce vœu d'un bon roi, et capable de le réaliser; car il aimait Henri assez pour lui dire de dures vérités, et l'empêcher de faire rien qui pût nuire à la prospérité du royaume. Un jour le roi, après avoir fait par écrit une promesse de mariage à la marquise de Verneuil, belle mais ambitieuse dame que Sully n'estimait point, montra cette promesse à son ministre en lui demandant ce qu'il en pensait. Pour toute réponse Sully jeta le papier au feu.

— Es-tu fou, Sully? lui dit le roi avec colère.

— Oui, sire, je suis fou, répondit le ministre, et je voudrais l'être si fort que je le fusse tout seul en France.

Henri comprit que son ami avait raison, et le mariage n'eut pas lieu.

Le désintéressement de Sully égalait son courage et son habileté. Tant de talents et tant de vertus n'empêchèrent point ce grand homme d'être attaqué par la calomnie et le roi y prêta l'oreille. Mais il ne voulut pas juger sans l'entendre celui qu'il estimait et aimait si sincèrement. Sully n'eut pas de peine à se justifier, et comme le roi lui jurait de ne plus rien écouter de semblable à l'avenir, le ministre se jeta à ses pieds pour l'en remercier. « Lève-toi donc, Sully, lui dit vivement le roi ; ces gens-là nous observent, ils pourraient croire que je pardonne. Et, lui tendant la main, il l'embrassa devant toute la cour. »

Henri IV, voyant la France prospère, avait formé le projet d'abaisser la maison d'Autriche ; il voulait fonder une paix perpétuelle en substituant un état légal à l'état de nature qui existe encore entre les membres de la grande famille européenne. Le partage des puissances une fois fait, on eût établi un tribunal chargé de prononcer sur tous les différents, et de soustraire ainsi les peuples au fléau de la guerre. Ce plan, dont l'idée première appartenait à Sully, avait été adopté par le roi avec toute l'ardeur d'une âme généreuse. Le ministre avait amassé quarante millions de livres pour cette expédition. Henri avait levé une armée, il était prêt à partir. Avant de quitter Paris, il voulut faire couronner la reine Marie de Médicis, et au milieu des fêtes de ce couronnement, le bon roi Henri IV fut assassiné par Ravaillac.

Cette mort fut pour la France le sujet d'un grand deuil ; le peuple avait enfin apprécié à sa valeur ce roi si courageux, si noble et si bon, il accusa de ce crime l'empereur d'Autriche, le roi d'Espagne, et même la reine de France ; mais il est probable que le fanatisme seul arma le bras de Ravaillac contre un prince que ses ennemis accusaient d'être resté calviniste malgré son abjuration. Dix-sept fois déjà le crime accompli enfin avait été tenté.

Normandie.   6

LOUIS XIII

Ce prince hérita du courage de son père ; mais son nom s'éclipsa derrière celui de son ministre, le cardinal de Richelieu. Richelieu fut le véritable roi ; il tint d'une main ferme, quelques-uns disent jusqu'à la cruauté les rênes de l'Etat, et acheva l'œuvre de Louis XI, en se montrant l'impitoyable ennemi des seigneurs ambitieux et remuants. La prise de La Rochelle porta un coup terrible aux protestants, qui formaient un parti puissant et hostile au gouvernement. Ce fut le dernier acte du cardinal, que personne ne pleura, pas même Louis XIII, qu'il avait si habilement servi ; mais auquel l'histoire ne peut refuser le génie qui fait les grands hommes.

Richelieu avait grandement mécontenté la province de Normandie en touchant à ses chartes et priviléges, puis en frappant les villes de lourds impôts. De sourdes rumeurs y grondaient depuis quelques temps, lorsque la révolte des Pieds-Nus éclata. Une armée tout entière d'ouvriers et de commerçants se leva, en réclamant à grands cris les franchises accordées à la ville de Rouen par le roi Philippe-Auguste et confirmées par ses successeurs. Les caisses du roi furent pillées, les registres de ses bureaux jetés au feu, les agents du fisc furent attaqués, poursuivis, et plusieurs furent mis à mort. A la nouvelle de ces désordres, Richelieu entra dans une grande colère, et donna l'ordre au chancelier Séguier de se rendre aussitôt à Rouen pour punir les coupables. Monseigneur François de Harlay, qui en était archevêque, implora en vain pour son peuple, un instant égaré, la clémence de Richelieu. Le cardinal ne savait pas pardonner, et le chancelier avait reçu ses instructions. Le parlement de Rouen vint présenter ses hommages à Séguier ; puis arrivèrent les députés de la ville, qui témoignèrent le regret de ce qui s'était passé, et déclarèrent qu'ils iraient demander pardon au roi, qui, sans doute, ferait grâce aux coupables repentants. Le chancelier les en empêcha, en leur disant que le roi était décidé à punir sévèrement la ville rebelle.

Des troupes avaient été envoyées par Richelieu ; elles s'emparèrent de la ville, et en ruinèrent les faubourgs, à tel point que les habitants furent obligés de s'enfuir, et de chercher un asile dans les bois. Toutefois le chancelier n'approuva pas cette conduite et déclara que ceux qui agissaient ainsi étaient non des soldats mais des voleurs, qui méritaient un châtiment exemplaire.

Ces premiers malheurs remplirent d'effroi la ville révoltée. La première sentence que prononça le chancelier fut l'interdiction du parlement, rendu responsable des désordres survenus dans la ville, attendu que, par un privilége, le parlement y commandait les armes. Tous les tribunaux furent suspendus, et le chancelier demeura seul chargé de l'administration de la justice. Il proposa au cardinal de faire raser l'hôtel-de-ville, qui contenait une provision d'armes, de munitions de guerre et vingt-cinq pièces de canons ; Richelieu n'approuva pas la destruction de cet édifice ; il commanda seulement que les canons en fussent enlevés, et que le reste des armes fût placé sous le scellé. Les chefs de la révolte furent mis à mort, d'autres furent emprisonnés ou exilés.

De Rouen le chancelier se rendit à Caen, puis à Bayeux, à Coutances, et dans chacune des villes où s'étaient réfugiés quelqu'un des principaux révoltés, car ils n'avaient nulle grâce à attendre. On les arracha même des îles de Guernesey et Jersey, et après avoir accompli sa dernière mission, le chancelier retourna auprès du cardinal, qui savait si bien châtier les révoltés.

La Normandie se tut ; mais, comme on peut le penser, si le cardinal ne fut point regretté des Français, sa mort fut bénie par les Normands. Un instant ils espérèrent ressaisir ces priviléges dont ils étaient si jaloux ; mais leur illusion dura peu. Le ministère de Richelieu avait préparé le règne de Louis XIV, règne qui passa le niveau sur les franchises de toutes les provinces, et fit de la France un seul peuple gouverné par un seul roi.

LA FIERTÉ DE SAINT-ROMAIN.

Mentionnons ici, de crainte de l'oublier, un des plus glorieux priviléges de cette bonne ville de Rouen. Nous voulons parler de la Fierté de Saint-Romain.

Chaque année, en l'honneur de ce pieux évêque, le chapitre de la cathédrale de Rouen délivrait un prisonnier. Trois semaines avant l'Assomption, une députation de quatre chanoines et de quatre chapelains se rendaient au parlement pour réclamer le privilége de saint Romain. Cette requête agréée, aucun prisonnier ne pouvait être condamné ni mis à mort avant le jour de la fête de la Vierge, choisi pour la délivrance. Pendant ces trois semaines, les dossiers des criminels étaient examinés, et le choix du chapitre tombait sur celui d'entre eux tous qui lui semblait avoir le plus de droits à l'indulgence. Le jour venu, les chanoines faisaient connaître par écrit leur décision, et le prisonnier était aussitôt remis à la confrérie de Saint-Romain. On lui donnait des vêtements propres qu'on revêtait d'une tunique blanche, et au milieu d'un immense concours de peuple, au milieu de tous les magistrats et de tout le clergé, le condamné rendu à la vie, à la liberté, portait sur ses épaules la châsse qui contenait les précieux ossements de son libérateur.

C'était là une des plus belles et des plus joyeuses fêtes de la vieille cité normande, et c'était une heureuse idée que celle qui avait fait placer la délivrance du prisonnier au jour où le chrétien salue la vierge Marie montant au ciel.

Si vous me demandez maintenant par quelles grandes vertus saint Romain s'est rendu assez cher au peuple de Rouen pour que ce glorieux privilége ait si longtemps été accordé à sa mémoire, je vous répondrai : Par le courage et la charité. Saint Romain fut le sauveur de la ville dont il était le pasteur. Un horrible dragon, vomi par l'enfer, désolait, dit la chronique, les villes et les campagnes; son souffle allumait l'incendie et faisait naître la peste. Quelques hommes assez hardis pour s'attaquer au monstre en avaient été dévorés, et tout fuyait devant lui. Ne sachant à qui recourir, les Rouennais s'adressèrent à leur évêque. Sachant que sa vie appartenait à son peuple, le prélat n'hésita pas à la lui sacrifier : il sortit de la ville, malgré tous les efforts tentés pour le retenir, et alla au devant de la terrible gargouille, c'est ainsi qu'on nommait le dragon. Toute la fureur du monstre tomba à la voix du saint, qui le ramena dans la ville humble et soumis comme le chien le plus fidèle. Un bûcher fut élevé, et consuma le dragon, au grand étonnement et à la grande joie des Rouennais, qui dès-lors entourèrent le saint évêque d'une vénération sans bornes. C'est pour perpétuer le souvenir de cette miraculeuse délivrance de la ville que fut établi le privilége de la Fierté de saint Romain.

Le règne de Louis XIV, si prospère d'abord, si désastreux ensuite, le règne licencieux de Louis XV, enfin le règne si triste de Louis XVI, appartiennent à l'histoire de France, et la Normandie n'y tient aucune place particulière. Nous ne parlerons pas non plus de la révolution de 1789, ni des terribles jours qui la suivirent. La Normandie souffrit comme le reste de la France; mais beaucoup moins que ses voisines, la Bretagne et la Vendée. Habile à réparer ses désastres, l'active province a promptement profité des premiers jours de paix qui lui ont été rendus, et, depuis cette époque, elle n'a fait qu'accroître son commerce, son industrie, et par conséquent sa richesse.

RÉSUMÉ DE L'HISTOIRE DE NORMANDIE

Résumons donc en quelques lignes l'histoire de Rouen, qui, comme nous l'avons dit, et comme nos jeunes lecteurs ont pu le reconnaître, est l'histoire de la Normandie.

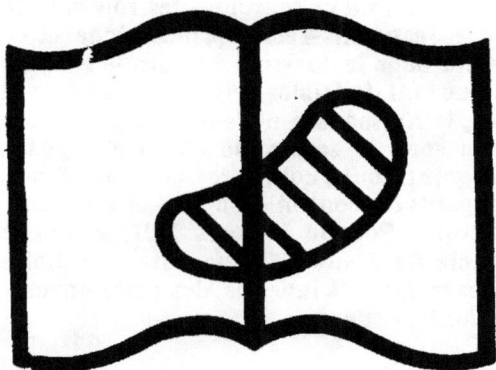

Illisibilité partielle

**VALABLE POUR TOUT OU PARTIE DU
DOCUMENT REPRODUIT**

La Neustrie, jusque-là soumise aux rois de France, passe, au temps de Charles-le-Simple, sous la domination du hardi pirate Rollon, qui la pacifie, lui donne de sages lois, y fait fleurir l'agriculture, et la rend aussi heureuse que le reste du royaume est à plaindre. Les successeurs de Rollon continuent son œuvre; la Normandie devient si puissante que Guillaume-le-Conquérant, l'un de ses ducs, entreprend et accomplit la conquête de l'Angleterre. Le duché de Normandie reste le plus beau fleuron de la couronne des rois anglais, jusqu'à ce que Jean-sans-Terre, prince lâche et cruel, le fasse rentrer dans le domaine des rois de France. Ainsi, pendant que tant de faibles princes occupaient le trône de France, la Normandie ne leur était point assujettie; elle rentra sous le sceptre de Philippe-Auguste, prospéra sous saint Louis, cultiva les arts sous François Ier, fixa les regards du bon roi Henri IV et du grand Sully, donna Nicolas Poussin à Louis XIII, et Corneille au grand siècle de Louis XIV, fournit à la gloire de la France des magistrats intègres, des philosophes, des savants et des littérateurs.

CORNEILLE.

Corneille, la plus grande gloire de la Normandie, naquit à Rouen le 6 juin 1606, et reçut le nom de Pierre. Son père était avocat et le destinait à suivre la même profession; il le fit élever au collège des Jésuites, où le jeune Pierre fit de grands progrès. Nul n'était plus assidu au travail, plus docile, plus désireux de s'instruire. Les maîtres chérissaient cet enfant posé et déjà sérieux qu'ils voyaient sans cesse attentif à leurs leçons; ils répondaient avec joie à toutes les questions qu'il leur adressait, et, heureux du bon témoignage qu'on leur rendait de leur fils, le père et la mère de Pierre se réjouissaient en songeant qu'ils laisseraient après eux un homme vertueux et un illustre avocat. Aussi furent-ils bien surpris quand, ses études terminées, Corneille, l'excellent élève des bons Pères, n'obtint, en débutant au palais, que de très-médiocres succès. Pourtant il travaillait toujours avec autant d'ardeur que lorsqu'il était enfant, et nulle peine ne le retenait.

La raison de cette infériorité était bien simple pourtant : la plupart de nous naissent avec des facultés ordinaires, et le choix que nous faisons d'une profession dépend presque toujours de la direction donnée à ces facultés ; ainsi tel est médecin, artiste ou magistrat qui pourrait tout aussi bien être soldat, négociant ou agriculteur ; mais à certains hommes Dieu a donné une vocation particulière ; dans quelques âmes d'élite il a allumé le flambeau du génie ; ceux-là ont leur voie tracée, et, hors de cette voie, le flambeau ne jette plus que d'incertaines lueurs. Tel était Corneille : l'illustre poète n'eût été qu'un obscur avocat.

Doué d'une âme ardente et fière, mais timide à l'excès, Pierre, dans les heures de loisir que lui laissaient ses travaux de palais, faisait des vers sans en rien dire à qui que ce fût, si ce n'est peut-être à son frère Thomas, son meilleur ami, un poète, dont le nom, quoiqu'un peu éclipsé par celui de Pierre, en est cependant inséparable. Plus il s'adonnait à ce travail, plus il sentait qu'il n'était pas fait pour les joûtes de la parole ; mais que ce qu'il ne pouvait dire, il était capable de l'écrire, et, sans le profond respect qu'il portait aux volontés de son père, il n'eût point hésité à renoncer au barreau.

Ce moment vint cependant : Corneille avait composé une comédie, et cette comédie l'avait placé aussi haut que pas un des auteurs de son temps. Ce début lui donna un protecteur dans M. de Chalon. Il aida Corneille à trouver le genre qui convenait à sa plume, et de magnifiques tragédies parurent : le Cid, les Horaces, Cinna, autant de chefs-d'œuvre. Lorsqu'il écrivit Polyeucte, les beaux esprits du temps s'émurent de ce qu'il eût osé faire une tragédie religieuse, et on lui conseillait de retoucher à cette pièce, qui, disait-on, était trop chrétienne. Le poète ne s'inquiéta point de l'opinion d'autrui, et laissa, telle que l'avait créée son beau génie, cette pièce qui devait signaler le retour des esprits vers les saintes doctrines de l'Evangile.

Corneille avait enfin trouvé sa place; il avait donné à la poésie française sa pureté, sa grâce et son éléva tion; mais il n'avait pas fait fortune. Habitant par éco nomie le même toit que son frère, il vivait dans une étroite intelligence avec ce bon, ce dévoué Thomas et sa femme, dont il avait épousé la sœur. Leurs journées s'écoulaient paisibles et modestes, remplies par un tra vail assidu, et égayées seulement par les douceurs de l'amitié. Malgré tout ce travail, malgré tout ce talent, la gêne régnait parfois au logis, et les deux femmes, bonnes et généreuses, s'efforçaient de le cacher aux deux poètes, afin de ne point troubler leurs inspirations par ces cruels soucis de la vie positive.

Pierre confiait ces idées à Thomas, recevait ses avis, les suivait quand ils étaient bons, et n'avait pas à crain dre le plus léger reproche lorsqu'il n'en tirait pas profit. Thomas était son admirateur le plus sincère, et, moins jaloux de sa propre gloire que de celle de ce frère bien aimé, il lui abandonnait sans regret ses meilleures rimes.

Quand Pierre avait terminé quelqu'une de ces belles œuvres, il quittait Rouen, accompagné des vœux de toute la famille; et, son bâton à la main, son manuscrit dans la poche, il allait à Paris placer son chef-d'œuvre. Quand il revenait, c'était grande fête au logis; les en fants l'entouraient, et il était heureux quand il avait pu leur rapporter quelques friandises ou quelques jouets. Cela n'arrivait pas toujours; la famille avait tant de be soins sérieux et si peu de ressources! Mais cette pau vreté n'arrachait pas un murmure à Corneille; il était si simple dans ses goûts, si ennemi du luxe et du bruit, qu'il se trouvait heureux dans son humble maison. Pourvu que les deux vertueuses femmes ne fussent point assujetties à un trop rude labeur, que les enfants ne manquassent de rien, il trouvait que tout était bien.

Sertorius et Othon furent les derniers éclairs du beau

génie de Corneille, et, comme pour remplacer cet astre, arrivé à son couchant, Racine paraissait.

Pierre Corneille mourut le 1er octobre 1684, laissant pour successeur à l'Académie française son frère Thomas. Pierre avait plus de génie que Thomas pour la conception et plus d'énergie dans l'expression; et Thomas plus de facilité pour le travail et plus de correction dans le style. Il avait embrassé la carrière dramatique, et plusieurs de ses pièces eurent un succès prodigieux.

ENVIRONS DE ROUEN.

Parcourons maintenant, si vous le voulez, les environs de la vieille capitale normande, aujourd'hui l'une des premières villes de la France, par son commerce et par son industrie. Soit que vous y entriez par la Seine que sillonnent de magnifiques bateaux à vapeur, soit que vous y arriviez par le chemin de fer, avant de saluer les tours de Notre-Dame ou de Saint-Ouen, avant d'apercevoir la ville assise dans la vallée, le long du beau fleuve qui la berce de son murmure, vous découvrez, sur une des hauteurs qui l'entourent, une église dont la flèche, mince et dentelée, s'élance dans les cieux.

Inclinez-vous et offrez vos hommages à Notre-Dame de Bon-Secours, la consolatrice des affligés et la protectrice de tous les chrétiens. Et, non content d'avoir joint vos vœux à ceux que reçoit en ce lieu révéré la douce vierge Marie, allez, si rude que vous semblent les sentiers qui y conduisent, si chaud que soit le soleil qui darde sur vos têtes, ou si froid que soit le vent qui souffle pendant que vous gravirez la montagne, vous ne regretterez point vos peines, vous ne songerez plus à vos fatigues, quand vous pourrez contempler de près cette petite merveille encore inachevée, quand vous verrez ce que peut accomplir, même dans notre siècle d'égolance] un cœur rempli du zèle et du dévouement qu'inspire la foi.

Bon-Secours est depuis longtemps célèbre en Normandie ; depuis longtemps s'y rendent, pour implorer l'intercession de la Reine des cieux, ceux qui pleurent et qui souffrent, et, si l'on en croit les *ex-voto* qu'on y voit, le nombre de ceux qui ont été soulagés et consolés est bien grand. Ce lieu de pèlerinage n'était encore, il y a peu d'années, qu'une pauvre chapelle étroite, petite et aussi mal bâtie que la plus chétive église du hameau le plus chétif ; aujourd'hui, c'est une église gothique, à laquelle ne manque ni la structure hardie, ni le clocher à jour, ni le portail sculpté, ni les vitraux peints, ni les piliers minces, ni le pavé incrusté de marbre, à laquelle il ne manque rien enfin, si ce n'est ce que le temps seul peut donner : cette couleur noirâtre qui enveloppe d'un solennel manteau nos antiques cathédrales.

Cette consécration des siècles, Bon-Secours la recevra, nous l'espérons ; mais la blancheur de ses pierres, la jeunesse de ce monument, sont pour nous un sujet de joie et d'orgueil. On dit depuis si longtemps qu'il n'y a plus de foi que c'est une consolation pour ceux qui réfléchissent, que d'avoir vu s'élever en si peu de temps et grâce aux efforts d'un seul homme, cette église que l'artiste va visiter comme le pèlerin.

Nommons bien vite l'homme modeste et zélé, l'homme digne des vieux temps, à qui revient l'honneur de cette œuvre. C'est le curé de Blosseville-Bon-Secours, un curé de village, M. Geoffroy. Son église tombait en ruines ; d'ailleurs, elle était trop petite pour contenir, aux jours de fête, l'affluence de ceux qui s'y rendaient ; il y a tant de maux ici-bas, tant de douleurs ignorées, tant d'espérances ardemment chéries, qu'on craint de se voir changer en mortelles déceptions, tant de cruelles inquiétudes, tant de poignants soucis dont on ne peut parler à personne, tant de fautes, hélas ! et tant de remords, qu'il fallait bien que ces saintes voûtes, sous lesquelles descend la consolation, fussent élargies pour qu'on pût arriver au pied de cet autel révéré.

Mais que faire avec les modiques ressources dont le bon prêtre dispose? Rien ne relevera point cette pauvre église qui s'écroule, et cependant ce n'était pas là ce qu'il avait rêvé. La charité ne connaît point d'obstacles, et la foi transporte les montagnes; en voulez-vous la preuve? Après avoir mûri son idée, l'idée noble et généreuse d'élever à la Reine des anges, mais non à Notre-Dame de Bon-Secours, ce titre est assez beau pour que nous n'en cherchions pas d'autre, un temple moins indigne d'elle, un temple qui célèbre ses bienfaits, le zélé pasteur quitte sa tranquille demeure, dit adieu au village dont il est chéri, à ses douces et chères habitudes, et prend pour bien longtemps, sans doute, le bâton de voyageur.

Il frappe à toutes les portes, il s'adresse à l'industrie, au commerce, au clergé, aux nobles, moins de la Normandie. Mais si abondantes que soient les aumônes, si généreux que soient les cœurs auxquels il a recours, la somme réalisée est bien loin encore du chiffre qu'il faut atteindre. Ne craignez rien, il ne se rebutera pas; le voilà qui quitte la province, il va jusqu'à Paris, il va jusqu'à Rome. Comme il sait que la vie de l'homme est courte et que son seul désir est de pouvoir, avant de mourir, contempler l'édifice qui lui a tant coûté, il revient dans son pays, en trace le plan, en jette les fondements, en élève les murailles, et quand l'argent va manquer, il se remet en route, revient encore, amène des sculpteurs, dirige les travaux et peut enfin, après des peines inouïes et des fatigues sans nombre, compter sur le succès.

Bien des dépenses sont encore à faire, bien des détails sont encore incomplets; mais le zèle de l'homme de Dieu et la charité des fidèles feront le reste. Pendant que son église s'élève, il en écrit l'histoire, il recherche, pour l'apprendre à tous, l'origine de ce pèlerinage; mais ce qu'il ne dira pas sans doute, car la modestie est le partage des belles âmes, c'est qu'il a scellé chacune des pierres de ce bel édifice, qui, dans quelques années, sera complètement terminé.

L'église de Bon-Secours regarde la Seine, et rien n'est beau comme le panorama qui, de ce point élevé, se déroule à l'œil étonné du voyageur. D'un côté, la ville avec ses nombreux clochers, les hautes cheminées de ses fabriques, ses quais sur lesquels circule la foule, le fleuve avec ses îles verdoyantes, les voiles de ses bâtiments et la fumée du bateau qui s'avance en grondant tout chargé de passagers, et le coche que traîne péniblement le cheval du hallage, et la barque des promeneurs qui chantent en ramant, et le bac qui transporte d'un bord à l'autre celui qui n'a pas le temps de gagner les ponts que vous apercevez là-bas; de l'autre côté, des plaines fertiles, de belles prairies, des villages jetés au milieu des arbres, et, tout au loin, les hauteurs de Canteleu qui bordent la Seine. Si, pendant que vous examinez ce tableau, la locomotive vient à siffler, entraînant sur le pont situé un peu à votre droite une longue file de wagons, vous conviendrez avec nous que rien ne manque à la grandeur et à l'activité de ce paysage. Puis, comme si la douleur devait toujours être ici-bas placée près de la joie, au-dessus de ce fleuve majestueux, au-dessus de cette belle verdure, là, à vos pieds s'étend un cimetière. Il a fallu dégager les abords de l'église, et le nouveau champ de repos sera plus vaste que l'ancien; car outre la petite population du village, plus d'un étranger voudra venir dormir là son dernier sommeil.

Ces tombes, récemment construites, attristent peut-être un peu l'œil; mais pour le poète, pour le rêveur, pour le chrétien, surtout, elles complètent le tableau et semblent le diviser en trois parties : la vie pleine d'agitations, d'inquiétudes, de travail et semée pourtant de douces jouissances; le ciel qui fait rêver cette belle église pleine de chants et de parfums, du haut de laquelle la statue de la Vierge nous tend les bras; enfin ce sombre et mystérieux passage des soucis du monde aux joies de l'éternité, passage qu'on appelle la mort.

Entre Bon-Secours et Rouen, s'élèvent les hauteurs de Sainte-Catherine, d'où la vue s'étend sur toute la ville.

Sotteville-les-Rouen a de beaux ateliers affectés au matériel du chemin de fer.

Darnétal, Déville-les-Rouen, Bapaume, Marounne sont d'industrieuses localités.

Elbeuf, à quatre lieues et demie de Rouen, sur la rive gauche de la Seine, a des manufactures de draps fins, d'excellente qualité. Napoléon disait : « Elbeuf est une ruche où chacun travaille. Et cela est vrai. C'est à Colbert, l'habile financier du siècle de Louis XIV, que cette ville dut la création de cette industrie, qui la rend aujourd'hui si florissante. Elle est située entre la forêt de la Lande, et le bois Landry, au milieu d'un paysage qu'on ne peut trop admirer. C'est par le bateau à vapeur qu'il faut se rendre de Rouen à Elbeuf, si l'on veut faire un charmant voyage, et contempler des sites qui n'ont rien à envier aux bords tant célébrés de la Loire.

L'église de Saint-Etienne et celle de Saint-Jean-Baptiste sont deux monuments à visiter.

La forêt de la Lande s'étend d'Elbeuf à la Bouille, petit village bâti sur le bord de la Seine. « Qui n'a pas vu la Bouille n'a rien vu, » dit-on communément dans le pays. Mais si ce n'est pas du village en lui-même qu'on peut dire cela, c'est sans aucun doute de ces bords de la Seine si poétiques, si pittoresques, avec leurs amphithéâtres de verdure, leurs beaux arbres, leurs vieux châteaux, leurs grasses prairies. D'Elbeuf à la Bouille, par terre, la distance est fort courte ; cependant le bateau qui fait le trajet entre ces deux villes, en passant par Rouen, met deux heures. On dirait que la Seine ne peut s'arracher de ces lieux charmants ; elle se replie sur elle-même, à l'exemple de l'ami qui retourne sur ses pas, pour presser encore une fois la main de son ami, et elle ferme là une presqu'île, dont Rouen est le point le plus avancé, et dont la forêt de la Lande est l'isthme.

A peu de distance de la Bouille, on vous montre, au sommet d'une hauteur qui avoisine la Seine, l'emplacement du château de Robert-le-Diable, ce duc de Normandie dont nous avons dit la jeunesse égarée, le repentir et la mort au retour de la Palestine.

Viennent ensuite les grottes de Caumont, entre lesquelles on distingue la grotte Jacqueline, vaste, éclairée et ornée de belles stalactites.

Saint-Martin-de Boscherville avait une célèbre abbaye, fondée par Raoul de Tancarville, l'un des principaux seigneurs de la cour de Guillaume-le-Conquérant. L'église, qui n'est pas détruite encore, appartient au style romain, facile à reconnaître au cintre des voûtes et des fenêtres, comme le style gothique à l'ogive. C'est dans cette abbaye que les restes de Guillaume-le-Conquérant furent transportés par les soins de l'archévêque de Rouen, et laissé à la garde des bons religieux, jusqu'à ce qu'on les conduisit à Caen, lieu choisi pour la sépulture. Deux tombeaux, placés l'un à droite, l'autre à gauche du grand portail de l'église de Boscherville, sont fort remarquables pour l'époque à laquelle ils remontent.

Duclair a un beau quai, et pêche les meilleures aloses et les meilleurs éperlans de la Seine; on n'en trouve guère au-delà.

L'ABBAYE DE JUMIÉGES.

Voyez-vous là-bas, sur la rive gauche du fleuve, que nous suivons toujours, à demi-cachées par les arbres ces tours en ruines? C'est Jumiéges, la vieille abbaye de Jumiéges, qui existait bien avant que la Neustrie passât aux mains des hommes du Nord, l'abbaye devant laquelle l'évêque Franco vint trouver le prince Rhon, pour soustraire au pillage sa ville épiscopale. Voulez-vous que nous vous racontions l'histoire de ce monastère, le plus célèbre et le plus magnifique des monastères normands? Un des seigneurs de la cour de Dagobert en fut le fondateur; il avait nom Philibert, et était l'ami de l'abbé de Saint-Ouen. Dans un voyage qu'il fit pour

venir visiter ce pieux abbé, il rencontra, sur le bord de
la Seine, les ruines d'un château incendié par les barbares; à la place de ce château, il bâtit trois églises,
consacrées, la première à la Vierge, la seconde à saint
Denis, et la troisième à saint Germain et à saint Pierre.
Autour de ces trois églises, il construisit des bâtiments,
où se réunirent pour méditer et chanter les louanges du
Seigneur, soixante-dix religieux, qui vécurent si sainte-
ment que la vénération des peuples les entoura bientôt, et que chacun des rois de France tint à honneur de
protéger et d'agrandir l'abbaye de Jumièges. Selon les
uns, ce nom de Jumièges viendrait de ce que les religieux gémissaient jour et nuit; selon les autres, il dé-
riverait du nom de gemma (pierre précieuse), et aurait
été ainsi nommé, parce que cette abbaye a brillé entre
toutes par la sainteté et la science de ses membres.

Quand vinrent les invasions des pirates danois, Jumièges eut beaucoup à souffrir. En 840, ces barbares,
sous la conduite d'Hastings, attaquèrent l'abbaye; les
moines se défendirent vaillamment; mais, écrasés par
le nombre, ils furent massacrés sans pitié. Deux religieux échappés à ce carnage revinrent une nuit pour
revoir leur cher monastère; mais ils ne trouvèrent plus
que des ruines. Ils décombrèrent le terrain et découvri-
rent enfin un autel resté debout. Autour de cet autel, ils
rebâtirent ce qu'ils purent, mais ils n'allaient pas bien
vite. Un jour Guillaume-longue-Épée, successeur de
Rollon et duc de Normandie, s'étant égaré à la chasse,
trouva dans cette solitude désolée, les deux bons religieux, qui lui offrirent de partager leur pain noir, et lui
racontèrent la gloire et les malheurs de l'abbaye, sur les
ruines de laquelle ils pleuraient. Guillaume les écouta;
mais bien qu'il eût faim, il ne voulut point toucher au
pain grossier qui lui était offert, et, après s'être fait
renseigner sur le chemin qu'il devait suivre, il se remit
en chasse. Tout près de là, il aperçut un sanglier qui
vint droit à lui; Guillaume veut le percer d'un pieu
effilé dont il était armé; mais le pieu se brisa, et le
prince courut un terrible danger. Il se recommanda à

Dieu du fond de son âme, et promit, s'il échappait à la mort, de faire reconstruire l'abbaye de Jumiéges. Le sanglier furieux s'apaisa, passa auprès de lui et regagna le fourré. Guillaume retourna aussitôt sur ses pas, retrouva les deux religieux, leur conta ce qui venait de lui arriver, mangea de leur pain, et, dès le lendemain, il envoya des ouvriers pour relever Jumiéges, à la grande joie des deux moines, restés fidèles à ses ruines.

Louis d'Outremer, qui, comme on l'a vu dans le cours de cette histoire, voulait profiter de l'enfance de Richard Ier pour s'emparer de ses Etats, détruisit l'abbaye et en fit transporter les pierres à Rouen, qu'il voulait entourer de solides remparts. Richard II reconstruisit le monastère et l'enrichit de ses dons. Edouard-le-Confesseur, roi d'Angleterre, fut élevé à Jumiéges, et promit, à ce qu'on assure, au duc Robert-le-Diable de laisser la couronne d'Angleterre à Guillaume son fils. Il est probable que, sans cette promesse, Guillaume ne se fût pas moins emparé de la Grande-Bretagne ; mais elle mit de son côté l'apparence du droit.

Les religieux de Jumiéges avaient déjà, à cette époque, une haute réputation de science ; ils partageaient leur vie entre la prière et l'étude, et ce sont eux qui ont sauvé de l'oubli l'histoire des premiers ducs de Normandie. Grâce aux libéralités des princes, ils devinrent riches et puissants, mais on ne dit pas qu'ils aient oublié la vie humble et sainte de leurs prédécesseurs. Les rois de France avaient leur chambre à Jumiéges, dont ils étaient les bienfaiteurs, et les religieux tenaient en réserve, dit-on, dans un trou profond, appelé le trou-de-fer, un trésor destiné à racheter ces rois, s'ils tombaient entre les mains de leurs ennemis.

Au temps des guerres de religion, les calvinistes pillèrent et brûlèrent Jumiéges ; une fois encore il sortit de ses ruines ; mais sous le règne de la terreur, les religieux furent dispersés, l'abbaye détruite et vendue. Deux clochers sont encore debout. Quelques piliers, quelques arcades, des statues mutilées, des sculptures brisées,

des inscriptions à demi-effacées, des murailles croû-
lantes, voilà tout ce qui reste de la célèbre abbaye.

Tout près des ruines s'élève une petite chapelle dédiée
à la Vierge, où se rendent de nombreux pèlerins, et,
non loin de cette chapelle, le chêne-à-l'âne. Pour trouver l'origine de ce nom, il faut recourir à la légende.
Sainte Austhreberte conduisait à l'abbaye, dit cette légende, un âne chargé de linge des religieux; un loup
ayant étranglé le paisible animal, la sainte plaça le
ballot sur le dos du loup et lui ordonna de le porter au
couvent, ce qu'il fit aussitôt.

La Meilleraye, village situé de l'autre côté de la Seine,
un peu plus loin que Jumiéges, a un château peu remarquable, mais duquel dépend un parc si magnifique,
qu'il est impossible de rien souhaiter de plus beau. Les
allées de ce parc sont coupées avec un art infini et forment de longues voûtes de verdure, au bout de chacune
desquelles l'œil étonné découvre un paysage varié et
splendide. Ici Jumiéges, là Saint-Vaudrille, plus loin
Caudebec, et partout le fleuve majestueux et la riante
verdure qui font de ces bords un site enchanteur.

A peu de distance du parc de La Meilleraye, se trouve
la Lande-du-Maure. On sait qu'après la mort de Clovis,
ses fils, mécontents du partage fait entre eux, ne tardèrent pas à s'armer les uns contre les autres. Or, ils
allaient en venir aux mains au lieu même dont nous
parlons, quand sainte Clotilde, leur mère, accourant
entre ces deux armées, supplia ses fils de renoncer à
cette lutte fratricide, et parvint à empêcher l'effusion
du sang.

CAUDEBEC.

Caudebec est une jolie petite ville située au bord de la
Seine, au bas de collines boisées et de gorges agrestes,
entre les deux embouchures du ruisseau d'Ambion, qui
porte son tribut au grand fleuve. L'origine de cette ville

remonte au ix* siècle; elle s'agrandit et s'entoura d'une
ceinture de murailles. En 1418, elle opposa une vigou-
reuse résistance aux Anglais; ses habitants barrèrent la
Seine, et, malgré la capitulation signée par la ville de
Rouen, capitulation qui portait que la place de Caudebec et le château de Maulévrier se rendraient au roi
d'Angleterre, elle n'ouvrit point ses portes, et eut l'honneur de soutenir pendant six mois les efforts d'une armée commandée par lord Talbot. Il fallut employer
contre cette vaillante petite cité une machine qui, au
dire de Froissard, l'historien de ce siècle, menait
un tel bruit qu'on l'entendait à cinq lieues à la ronde
pendant le jour, et à dix lieues pendant la nuit.

Pendant les guerres de la ligue, Caudebec eut aussi
beaucoup à souffrir; aussi Henri IV, dont cette ville
avait embrassé le parti, la protégea-t-il tout particulièrement lorsqu'il fut assis sur le trône. Caudebec prospéra et se livra à la fabrication des chapeaux. Ces
chapeaux étaient fort recherchés, et se nommaient des
caudebecs du temps de Molière. Elle fabriquait aussi des
gants de peau de chèvre très-estimés.

Aujourd'hui Caudebec n'est plus qu'un chef-lieu de
canton de l'arrondissement d'Yvetot; ses fortifications
n'existent plus; mais elle possède encore un monument
dont elle est justement fière : c'est une église. Cet édifice, qui date du xv* siècle, occupe le premier rang
parmi les monuments religieux de la Normandie, après
la cathédrale de Rouen et Saint-Ouen, dont nous
avons parlé.

Le portail de cette église est admirable et renferme
une multitude de figurines exécutées avec une exquise
délicatesse. La galerie qui le surmonte est ornée d'une
balustrade sculptée qui porte cette devise :

TOTA PULCHRA ET DECORA.

Cette devise, qui est celle de la Vierge, à laquelle
l'église est consacrée, peut aussi s'appliquer à ce monument; car il n'en est peut-être pas qui ait été travaillé

avec tant de patience et d'amour. On dirait que cette masse qui forme le bâtiment a été enveloppée d'une dentelle de pierre. La flèche est digne de couronner l'édifice ; elle porte une tiare magnifiquement ouvragée ; et les sculptures de la balustrade qui l'entoure forment ces mots :

O MATER DEI, MEMENTO MEI!

O mère de Dieu, souvenez-vous de moi ! Telle était la prière de l'artiste finissant son œuvre ; telle est la prière de tous les chrétiens contemplant cet édifice élevé en l'honneur de la Vierge Marie.

Les vitraux de cette église sont fort remarquables en ce que les sujets qu'ils représentent sont entiers, et en ce qu'ils résument les différentes époques de la peinture sur verre ; les premiers se reconnaissent à leurs couleurs éclatantes ; les derniers n'ont plus cet éclat, mais sont plus corrects comme dessein.

On admire dans la chapelle de la Vierge, placée derrière le chœur, une clé de voûte terminée en cul de lampe, et fort bien sculptée.

On montre aussi la chapelle du sépulcre. Ce sépulcre, composé d'un Christ mort, et d'un groupe représentant la Vierge, les saintes femmes et Joseph d'Arimathie, est beau d'expression ; mais nous renverrons ceux qui veulent voir un magnifique sépulcre, à l'œuvre de Lé-ger Richier, élève de Michel-Ange ; œuvre que possède la petite ville de Saint-Michel, dans le département de la Meuse.

Une espèce de coupole en bois sculpté, qu'on voit dans la chapelle des fonts baptismaux, et plusieurs boiseries qui ornent la sacristie, viennent de l'abbaye de Jumiéges.

Le seul tombeau remarquable que possède l'église de Caudebec est celui de Guillaume Latellier, maître maçon, celui-là même qui l'a bâtie. On ne peut trop admirer ces patients et habiles ouvriers, qui s'intitulaient si modestement maîtres-maçons, et qui eussent pu, sans présomption, prendre le titre d'architectes, de sculpteurs et de poètes ; car de telles œuvres sont tout un poème.

Quittons Caudebec en remontant la Seine, et, après avoir remarqué l'activité de ce petit port et la beauté de son quai, prenons le premier chemin qui se présentera à notre gauche ; on ne peut venir à Caudebec sans visiter Saint-Vandrille, et en une demi-heure nous y serons rendus.

SAINT-VANDRILLE.

A mesure que nous nous éloignons de Caudebec, le pays devient sauvage, sans cesser toutefois d'être beau : ce sont des collines couvertes de bois, au pied desquelles s'étend une vallée qui jadis était si solitaire que Vandregisilus, noble seigneur, las du monde, et cherchant le repos de la prière, vint y fonder un monastère. Ce monastère fut d'abord appelé Fontenelle, du nom d'une petite rivière qui arrose le vallon; mais, plus tard, il prit le nom de son fondateur, et de Vandregisilus on fit Saint-Vandrille.

Plus de trois cents religieux furent en peu de temps réunis dans cette abbaye ; ils s'y livraient à l'étude de la théologie, des belles lettres, de l'histoire. C'est dans ces murs que furent écrites les premières chroniques du pays, l'histoire de la Neustrie avant l'invasion des pirates du Nord. Bientôt la réputation de science des moines de Saint-Vandrille fut telle que les rois envoyèrent leurs fils puiser à cette source précieuse, et quand le vent de l'adversité souffla sur ces princes, plusieurs trouvèrent asile dans la docte et sainte abbaye.

Les Capitulaires de Charlemagne et de Louis-le-Débonnaire furent recueillis, et nous furent transmis par les religieux de Saint-Vandrille; ils excellaient dans l'art de copier et d'enluminer ces riches manuscrits, œuvre de patience, qui rendirent aux sciences, et à l'histoire surtout, tant de services avant l'invention de l'imprimerie.

Quand les barbares envahirent la Neustrie, l'abbaye se racheta une première fois de leur fureur, par une somme d'argent; mais quand ils revinrent, les religieux, qui n'avaient pas eu le temps d'amasser une autre rançon, s'enfuirent en emportant les reliques de leur saint fondateur. L'abbaye fut la proie des flammes en même temps que celle de Jumiéges. Pendant cent ans le Neustrie fut en proie à tant de désastres que les murs de Saint-Vandrille ne se relevèrent point. Ce ne fut qu'après l'établissement régulier de Rollon que Gérard, abbé de Ganil, vint rapporter dans cette vallée les os de saint Vandrille, et reconstruisit son monastère.

Au treizième siècle, l'église abbatiale devint la proie d'un incendie; mais elle se releva, et Guillaume de Noroilles, l'un des supérieurs de la communauté, fit construire une tour qui surpassait en hauteur les collines environnantes. Cette tour, supportée par quatre gros piliers, qui séparaient la nef du chœur, s'écroula en 1631, entraînant dans sa chute le chœur, l'autel et la plus grande partie de l'édifice. Un siècle avant ce désastre, les calvinistes avaient brûlé les magnifiques ornements de l'abbaye, et ce malheur était à peine réparé quand arriva la ruine presque complète de l'église. Ne pouvant, épuisés qu'ils étaient par tant de pertes, reconstruire leur basilique, les moines de Saint-Vandrille demandèrent l'aide des bénédictins de Saint-Maur. Ceux-ci ne furent point sourds aux prières de leurs frères; ils réédifièrent l'église dont nous voyons aujourd'hui les restes, et, par reconnaissance, les religieux de Saint-Vandrille se soumirent à la règle de leurs bienfaiteurs.

Malheureusement de cette église, chef-d'œuvre de l'art gothique, il ne reste plus que des ruines. Saint-Vandrille, vendu pendant la révolution qui marqua la fin du siècle dernier, tomba aux mains des spéculateurs, qui, au lieu de conserver à la postérité ce monument du passé, vendirent tout ce qui leur fut possible de vendre.

On dit que le plomb retiré des toitures et des vitraux de l'église suffit seul à en payer l'acquisition.

Une partie de l'abbaye, mieux conservée, fait vivement regretter ce qui en a été détruit. Le cloître attire l'attention des voyageurs; il est composé de quatre galeries voûtées en arcades, et deux portes qui communiquaient aux deux extrémités de la nef.

Le réfectoire est une immense pièce éclairée par deux rangs de grandes fenêtres; auprès de ce réfectoire est le lavabo, dont on remarque les belles sculptures. La voûte du réfectoire est en charpente, comme celle de la grande salle du palais-de-justice de Rouen. Cette salle était ornée d'un tableau représentant la multiplication des pains; mais il n'existe plus, du moins à Saint-Vandrille.

Le dortoir est un bâtiment de trois cents pieds de long, d'une belle architecture; le promenoir, qui y est renfermé, est une longue allée, soutenue de chaque côté par des piliers formant une galerie de chaque côté de la principale; il a deux rangs de fenêtres en ogive, qui étaient jadis ornées de belles peintures.

On ne peut visiter ces immenses bâtiments, encore aujourd'hui si pleins de recueillement, sans se reporter par la pensée au temps où ils servaient d'asile à la méditation, à la prière, à l'étude; sans les peupler d'une foule de moines au front grave, à l'œil rêveur; sans s'incliner devant ces ombres d'un passé déjà si loin de nous, et sans reconnaître la vertu et le dévouement de tant d'hommes sages et studieux qui ont préparé les éléments de la civilisation, et instruit les générations à venir, en sauvant de l'oubli les noms des hommes célèbres et les événements accomplis.

Un assez grand nombre de statues, peu remarquables pour la plupart, arrachées des ruines de l'église, sont renfermées dans un bâtiment fermé par une grille; et, à certaines époques de l'année, une foule de pèlerins s'y rendent.

De là ils vont à Caillouville, qu'on appelait jadis le rendez-vous du paradis. Notre-Dame de Caillouville était une église bâtie aux sources de la Fontenelle; elle est complétement détruite; mais la rivière est toujours là, fraîche, limpide, murmurante. Les pèlerins viennent s'agenouiller sur ses bords, ils boivent avec confiance cette eau sanctifiée jadis par les prières des religieux. La source de la Fontenelle est renfermée dans un petit bâtiment où l'on ne pénètre qu'aux jours de fêtes et d'où elle s'échappe en bouillonnant. Au fond de cette source, on assure qu'on aperçoit, imprimé sur une longue dalle, l'image de sainte Radegonde, que depuis bien des siècles les eaux n'ont point encore effacée.

Saint-Saturnin est une chapelle construite au sommet d'une des collines qui composaient le domaine des bons pères. On assure que lors de la fondation de Jumiéges, saint Philibert, dont nous avons déjà parlé, s'y rendait avec l'abbé de Saint-Ouen, pour converser avec le prieur de Saint-Vandrille, des affaires de leur monastère et surtout des choses du ciel. Ils y passaient quelquefois plusieurs jours et avaient bâti près de la chapelle un ermitage où, bien longtemps après leur mort, on montrait encore les siéges de bois et les pauvres lits qui leur avaient servi.

ENVIRONS DE CAUDEBEC.

Non loin de Caudebec est la forêt de Bretonne, sur l'emplacement de laquelle existait, au temps des Romains, une ville importante, Julia-Bona, dont on a fait Lillebonne. A diverses époques, on a trouvé au lieu où s'élèvent aujourd'hui ces arbres, des souterrains, un amphithéâtre, des bains, des portiques, des tombeaux, de nombreuses médailles, des urnes sépulcrales, des armes brisées qui ne laissent aucun doute sur l'importance de cette ville, bâtie, dit-on, par Auguste, et nommée Julia-Bona, en l'honneur de sa fille bien aimée.

Dans les villages qui avoisinent la forêt de Bretonne, à Sainte-Croix, à Watteville, à Orizier, on a trouvé

aussi des sépulcres antiques. Watteville avait un palais
bâti par les rois Mérovingiens, qui prenaient plaisir à
chasser dans ces beaux bois, et aujourd'hui encore, la
désignation des lieux voisins de ce palais, reconstruit
sous les Capétiens, indique le séjour qu'y firent ces
princes. Ainsi la ferme qui s'est élevée sur ces ruines se
nomme la Maison du roi et à quelque distance se trouve
la Mare du roi. La tour de Watteville, élevée au bord de
la Seine, et aujourd'hui presque ruinée, est attribuée aux
premiers ducs normands.

Villequier a un château moderne, délicieusement
situé sur le plateau qui domine le village, et une belle
église du quinzième siècle.

A peu de distance de Caudebec, est la chapelle de
Barre-y-Va, chapelle où accourt une foule pieuse, et que
décorent de nombreux *ex-voto*. Voici l'origine de ce nom
qui, sans doute, étonnera nos jeunes lecteurs. A chaque
marée, on remarque sur la Seine un phénomène singulier causé par la lutte des eaux du fleuve qui descendent
vers la mer et de celles de la mer qui remontent dans le
fleuve. C'est ce qu'on appelle la Barre. Les bancs de sable, les caps, les îles en changent l'aspect et la direction; mais souvent elle remonte jusqu'à Jumiéges et
même au-delà, sous la forme d'une vague énorme et couverte d'écume. On l'entend gronder longtemps avant
son apparition, et, quand elle arrive à un passage trop
resserré, soit par le rapprochement des rives du fleuve,
soit par le peu de profondeur du chenal, qui ne suffit
plus à contenir cette masse d'eau, elle redouble de violence, pousse, frappe, emporte tout ce qu'elle rencontre
et occasione de grands désastres. La Barre est redoutée
des plus hardis marins; elle brise les embarcations,
enlève les terrains qui lui font obstacle, engloutit les
îles et inonde les prairies.

Vous comprenez le reste maintenant. Au lieu où est
bâtie cette petite chapelle, si révérée des pêcheurs, la
Barre causait de grands dégats; tout ce qu'on avait pu
lui opposer redoublait sa fureur, quand les marins désolés entreprirent d'élever, non loin de la rive, un tem-

ple à Celle qu'ils invoquaient au milieu des tempêtes. L'Étoile de la mer reçut leurs humbles vœux, et les accidents devinrent rares dans le voisinage de Barre-y-Va.

De Caudebec à Yvetot, il n'y a que trois lieues; en nous y rendant, nous apercevons sur un des sommets de la forêt de Maulévrier les ruines d'un château devant lesquelles le paysan surpris par la nuit ou par l'orage se signe en tremblant. C'est la Tour-Maudite. Il y a là une de ces vieilles légendes que la crédulité superstitieuse du bon vieux temps accueillait si bien. Il ne s'agit de rien moins que d'un marché conclu avec Satan, marché par lequel, en retour d'une victoire, remportée sur un de ses voisins, le sire de Maulévrier livrait à l'enfer son castel et son âme. C'était un bien méchant homme que ce sire de Maulévrier; cependant, quand il eut fait périr son ennemi, le remords le saisit, troubla la paix de ses jours, le repos de ses nuits et le conduisit promptement au tombeau. Que devint son âme ? Nul ne le sait, toutefois la terreur qui suivit cette mort fut si grande, que personne depuis n'osa habiter la tour, qu'on laissa tomber en ruines.

LE ROYAUME D'YVETOT.

Yvetot est situé sur le chemin de fer de Rouen au Havre, à égale distance de ces deux villes. C'est le point le plus élevé du département. Yvetot est d'une origine fort ancienne; c'était la capitale, ou pour mieux dire, c'était tout le royaume D'Yvetot, royaume un peu exigu, il est vrai, mais qui peut-être n'en était pas moins pro-père. Certains auteurs attribuent à Clotaire I, époux de sainte Radegonde, l'érection de ce fief en royaume, en faveur de Gauthier d'Yvetot, l'un des seigneurs de sa cour, que Clotaire aurait, pendant une croisade, chargé de veiller sur la reine Radegonde, qui

ayant toujours aimé la vie religieuse, aurait profité de
l'absence du roi pour se retirer dans un cloître, en
priant Gauthier de remettre à son époux la riche che-
velure qui, lui devenant inutile, allait tomber sous les
ciseaux de l'abbesse.

Clotaire, en recevant, au retour de la guerre, ce dernier adieu de Radegonde, se serait emporté contre Gauthier et l'aurait même frappé de son épée ; mais reconnaissant ensuite ses torts envers ce gentilhomme et ap-
prouvant la résolution de la reine, il aurait, pour dé-
dommager Gauthier de sa violence, affranchi sa terre de
toute redevance et de tout hommage, et l'aurait autorisé
à porter le titre de roi. Malheureusement pour la légende, à laquelle nous voudrions croire, il n'était pas encore question de fiefs sous Clotaire, et encore bien moins
de Croisades, car, on se le rappelle, la première de ces
lointaines expéditions n'eut lieu que cinq cents ans plus
tard, sous le règne de Philippe Ier.

L'affranchissement du fief d'Yvetot est un fait certain;
seulement on ne peut dire à quelle époque ni à quelle
occasion il eut lieu; il est toutefois question du roi
d'Yvetot dans un arrêt de l'Echiquier à la date de 1392.

Quelque temps avant la mort d'Henri IV, les seigneurs
d'Yvetot perdirent le droit de haute justice dont ils
avaient joui dans leurs domaines; cependant, lors du
sacre de Marie de Médicis, ce bon Henri présenta lui-
même le roi d'Yvetot à la reine, et ordonna qu'il fût
placé selon son rang. Vers le milieu du siècle suivant,
ces seigneurs renoncèrent à ce titre pour se contenter
de celui de princes, qu'ils conservèrent jusqu'en 1789.

Yvetot, s'il faut en croire le silence que l'histoire
garde sur son sort, jouit d'une grande paix sous la domination paternelle de ses rois, et ne se trouva mêlé aux
guerres de Normandie qu'à l'époque de la Ligue.

On raconte qu'avant de livrer bataille au duc de Parme et au duc de Guise, qui commandaient les ligueurs,
Henri IV, étant entré dans un moulin situé au quartier
appelé encore aujourd'hui quartier du Vieux-Moulin, dit

à ceux qui l'entouraient : « Si je perds le royaume de France, je garderai au moins celui d'Yvetot.

Quelques jours après, il battit les deux ducs entre Saint-Clair et Auzebocs, deux petits villages situés près d'Yvetot, les força de quitter cette ville, les poursuivit à Rançon, et les battit de nouveau près de la forêt de Maulevrier.

Le vieux château d'Yvetot fut démoli en 1793, et il ne reste à cette ville aucun monument ancien. L'église, beaucoup trop petite pour le nombre des habitants, est bâtie en briques, et n'est rien moins que belle; seulement il faut y remarquer une chaire en bois sculpté, digne des chefs-d'œuvre du xv° siècle. Au sommet de cette chaire, le pélican, image de la charité, nourrit ses petits de son sang; deux palmiers servant de colonnes, soutiennent le couronnement, et la partie inférieure de la chaire représente les Apôtres.

Si l'on joint à cette chaire les armoires de la sacristie, précieux morceaux de sculpture enlevés à l'abbaye de Saint-Vandrille, et le maître-autel, provenant des chartreux de Rouen, on aura nommé tout ce que l'église d'Yvetot possède de remarquable.

Cette ville fait un commerce considérable d'étoffes de coton, à la fabrication desquelles se livre une grande partie de la population. Les maisons y sont pour la plupart construites en bois et en terre, et un grand nombre d'habitations des pauvres quartiers n'ont pour fenêtres que des feuilles de verre placées entre deux des pièces de bois qui soutiennent la façade, et enchâssées dans l'argile.

Les environs d'Yvetot sont fort beaux; la campagne est semée de villages et de fermes entourées d'une espèce de rempart planté d'arbres, dont l'aspect est fort agréable. Ces fermes, vues de loin, ressemblent à des châteaux, et ses beaux arbres, dont presque tous les chemins sont bordés, paraissent en être les avenues; il ne manque rien au paysage que de l'eau, mais c'est beaucoup. Il faut descendre jusqu'à Caudebec ou aller jusqu'à la mer avant de trouver le moindre petit ruisseau, ce qui n'empêche pas que le sol de ce plateau ne soit d'une admirable fertilité.

ENVIRONS D'YVETOT

Allouville, petit village à deux lieues d'Yvetot, reçoit la visite des voyageurs curieux. Ce n'est pas toutefois qu'il possède une de ces belles églises qu'on aime à contempler, ni un de ces vieux châteaux marqués par quelque siège ou rendu célèbre par le passage de quelque héros ; ce n'est pas non plus que son territoire ait été le théâtre de quelqu'un de ces combats qui changent la face des empires. Non, ce qu'on vient faire à Allouville, c'est s'incliner devant le doyen de la Normandie, c'est saluer un gros chêne qui compte plus de neuf siècles.

Cet arbre abrite le cimetière d'Allouville, et a dû couvrir longtemps de son ombre la pauvre église, beaucoup plus jeune que lui. Aujourd'hui qu'il a perdu les branches de son sommet, il forme encore un immense dôme de verdure au milieu duquel s'élève un petit clocher destiné à empêcher l'eau des pluies de dégrader ce chef-d'œuvre de la végétation. Le gros chêne a onze mètres trente centimètres de circonférence à sa base, et ses premières branches sont elles-mêmes de la grosseur d'un fort bel arbre.

Ce n'est plus que par les couches extérieures de l'aubier et par son écorce que ce colosse reçoit de la terre les sucs nourriciers, ce qui ne l'empêche pas de se couvrir à chaque printemps d'une magnifique verdure. L'intérieur du tronc a été transformé en chapelle. Sur un modeste autel est placé la statue de la Vierge ; quelques cadres l'entourent et servent de décoration à cette chapelle, dont les parois ne sont point revêtues de marbre, comme l'ont dit quelques voyageurs, mais tout simplement de plâtre formant lambris. Une porte grillée en ferme l'entrée, et permet de voir l'intérieur. Une inscription placée au-dessus de cette porte indique que cette chapelle a été érigée en 1696, par l'abbé Dudétroit, curé d'Allouville, et dédiée à Notre-Dame-de-la-Paix.

Un escalier conduit à une chambrette située au-dessus de la chapelle ; dans cette espèce de cellule est placé un lit. Le chêne, à hauteur d'homme, a huit mètres de circonférence.

Ce géant a vu passer bien des générations ; il a vu les dynasties commencer et s'éteindre ; il a abrité peut-être sous ces vastes rameaux les derniers sacrifices des druides ; il a vu arriver les pirates normands, partir les chevaliers pour la croisade, passer les armées anglaises, françaises, catholiques et huguenotes ; et, consacré au culte de la Vierge, il a vu s'accomplir, sans en recevoir aucune atteinte, la révolution qui renversait les autels après avoir brisé le trône. Et qui sait combien il verra d'hommes et d'événements ; il est vieux, mais il peut vivre encore plusieurs siècles ; il est si vigoureux, et l'on répare avec tant de soin les dégâts que lui causent le vent, l'orage, et, plus que le vent et l'orage, la vieillesse.

Les vallées qui descendent du pays de Caux jusqu'à la mer sont fertiles et belles ; la plus remarquable est celle de Valmont. Le château qui la domine a remplacé l'ancien manoir seigneurial qui en était peu distant, et dont il reste encore de belles ruines : ce château est lui-même remarquable par son architecture, qui date de la renaissance. Le parc de Valmont est aussi fort beau, mais ne peut toutefois soutenir la comparaison avec celui de la Meilleraie. Du château de Valmont, on aperçoit les ruines de l'abbaye, fondée en 1116, par Nicolas d'Estouville. Cette abbaye, devenue florissante, fut pillée par les Anglais en 1419, puis par les Huguenots en 1563, et enfin brûlée un siècle plus tard. On la réédifia ; mais la foudre, étant tombée sur le clocher, l'église presque entière fut entraînée. Dès lors le nombre des religieux de Valmont diminua, et, quand la révolution de 1789 éclata, l'abbaye était déjà supprimée depuis quelque temps.

Ce qui reste de l'église abbatiale est fort beau ; les

vitraux surtout sont admirables. Un groupe représentant l'Annonciation de la Vierge, attire les regards des artistes, ainsi que deux tombeaux retirés des chapelles voisines après l'écroulement de l'édifice. L'un est celui de Nicolas d'Estouteville, fondateur de l'abbaye, ainsi que l'indique l'épitaphe gravée en caractères gothiques. La statue du mort, revêtue d'une cotte de mailles, chargée de ses armes, est couchée sur la table de marbre du mausolée. L'autre tombeau est celui de Jacques d'Estouteville ; il est également couché, et auprès de lui est la statue de Louise d'Albret sa femme. Le bas du monument est en albâtre, ainsi que les deux figures ; le reste est en belle pierre. Ces deux tombeaux sont enrichis d'ornement sculptés avec une délicatesse, un fini dont bien peu d'ouvrages peuvent approcher, bien que le nom des artistes auxquels on est redevable ne soit pas venu jusqu'à nous.

Cany, situé dans une des vallées dont nous avons parlé, est arrosé par la Durdent, jolie et laborieuse rivière qui fait mouvoir dans son parcours une grande quantité de moulins. Des fouilles, faites à diverses reprises sur ce territoire, font croire que les Romains y avaient un établissement dépendant de Julia-Bona. Cany existait déjà sous le même nom qu'aujourd'hui à l'époque de la conquête normande, et cette petite ville eut à souffrir des invasions anglaises et des guerres de religion.

Le château de Cany, bel édifice du xvie siècle, est admirablement situé, environné d'un beau parc, et baigné par un bras de la Durdent, qui y forme un lac et une jolie cascade. La petite église de Bareville, commencée en l'an mil, si l'on en croit la date gravée sur son portail, sert de chapelle au château.

Saint-Valery, petit port fréquenté par les pêcheurs, porte aussi la trace du passage des Romains, et l'opinion des savants est que l'établissement qu'ils y fondèrent fut détruit par les Saxons. Ce qui les porte à le croire, c'est que les habitants de la vallée de Saint-Valery opposèrent jusqu'au viiie siècle à la doctrine évangélique un culte étrange, où l'on retrouvait, avec les superstitions de Rome, celles des peuples du nord, et les mystérieuses terreurs du druidisme.

Saint-Valery fut l'apôtre de ces contrées, et fonda une abbaye à l'entrée de cette étroite vallée qui s'ouvre sur la mer, entre deux hautes falaises. Les moines arrachèrent les forêts, dernier asile du druidisme, et cultivèrent le sol ; mais en 895, les Normands brûlèrent l'abbaye. On la reconstruisit, et la population se groupant autour du monastère, donna naissance à la ville. Elle n'était pas située près de la mer, et la partie qu'on appelle le port, ne fut construite que plus tard. Saint-Valery lutta vaillement contre les Anglais ; sous règne de Charles VI et de Charles VII, cette ville fut prise et reprise plusieurs fois. Pendant les guerres de la ligue, Fontaine-Martel, un de ces coureurs d'aventures comme il y en avait tant, souleva le pays contre Henry IV ; mais Saint-Valery fut pris par l'armée royaliste, et prêta serment de fidélité à Henri. On montre encore la maison où le bon roi vint loger lorsqu'il y fit son entrée. C'est un bâtiment en bois sculpté, qui appartenait alors un à armateur.

Deux tours défendaient autrefois l'entrée du port de Saint-Valery ; elles ont été détruites. Outre l'église de la vieille ville, construites sur les ruines du monastère, Saint-Valery avait un couvent de pénitents, dont la chapelle, dédiée à Notre-Dame-de-Bon-Secours, est presque détruite. Une autre s'est élevée sous l'invocation de Notre-Dame-de-Bon-Port : il n'y a pas besoin de dire que c'est celle-là que fréquentent les marins.

Le port de Saint-Valery est une création de Colbert ; c'est lui qui en a fait construire la jetée, paver les quais, et qui a donné quelque importance à son commerce.

DIEPPE.

Dieppe est une jolie ville, située à l'embouchure de la rivière d'Arques, grossie par les eaux de la Béthun et de l'Eaulne. Ce qu'on va voir d'abord en y entrant c'est la mer. Le port, formé par deux belles jetées, serait excellent si la vase amenée par chaque marée ne menaçait de l'encombrer un jour, malgré les travaux exécutés pour l'en dégager. Ce port peut recevoir un grand nombre de bâtiments : mais la plupart de ceux qui le fréquentent sont des bateaux de pêche. Dieppe n'était dans l'origine qu'un chétif amas de cabanes que les pêcheurs avaient élevées à l'embouchure de la rivière ; elle s'agrandit peu à peu, mais il n'en est pas question dans l'histoire avant 1196. Alors elle fût brûlée par Philippe-Auguste, en guerre avec l'Angleterre, et elle perdit ses vaisseaux. Nous avons déjà dit que pas un peuple ne répare ses désastres avec autant de patience et de courage que le Normand : Dieppe, ruiné et détruit, se releva, sous l'autorité des rois de France, où elle resta jusqu'au règne de Charles VII. Alors, comme le reste de la Normandie, cette ville tomba au pouvoir des Anglais : mais elle leur fut fut reprise en 1483. Neuf ans après, Talbot l'assiégea, l'intrépide Dunois se jeta dans la place, et soutint les efforts de l'armée ennemie jusqu'à l'arrivée du Dauphin, depuis Louis XI, qui pressa si vivement Talbot, que ce général fut obligé de lever le siège.

Rendue à la paix, la ville de Dieppe s'enrichit par son commerce maritime, et fonda, la première, un établissement français en Amérique. La ville de Québec, au Canada, est l'œuvre de ses navigateurs. Sous le règne de François 1er, Ango, célèbre armateur de Dieppe, couvrait la mer de ses navires, équipait à ses frais des escadres entières, livrait des batailles, châtiait les princes qui insultaient son pavillon, traitait d'égal à égal avec les ambassadeurs étrangers, et recevait la visite de son roi.

On voit encore à Varangeville la maison de ce riche armateur : c'est un édifice en pierres de taille finement sculptées autrefois; mais aujourd'hui, privé d'une partie de ces moulures et de ces capricieux dessins ; le manoir d'Ango est devenu une ferme.

La statue du fameux marin Duquesne orne la principale place de la ville.

Dieppe fait la pêche de la morue, du hareng et du maquereau, ainsi que le grand et petit cabotage. On y fabrique des dentelles; mais l'industrie dans laquelle cette ville excelle surtout, c'est la tabletterie. On resterait longtemps à admirer les charmants ouvrages en ivoire étalés dans ses magasins : bracelets, broches, épingles, tableaux, statuettes, tout cela est charmant et rapporte beaucoup à Dieppe; car on ne peut visiter cette ville sans en emporter un de ces délicieux petits souvenirs, et la belle saison y amène chaque année une foule de baigneurs.

Dieppe n'a qu'un fanal peu remarquable; mais le phare qui éclaire la côte est situé sur le cap d'Ailly, entre Pourville et Varengeville, à deux lieues de Dieppe. Ce phare a quatre-vingts pieds d'élévation, et, se trouvant sur la plus haute pointe du rivage, jette au loin sa lumière.

Le château d'Arques, dont on ne voit que des ruines informes, est célèbre par la victoire que le roi Henri IV remporta sur le duc de Mayenne, chef de la ligue. L'artillerie royale, qui décida du gain de la bataille, était placée sur l'une des terrasses du château. Ce château domine une magnifique vallée, si fertile, qu'il est impossible de désirer un site à la fois plus riche et plus beau.

Non loin de Dieppe est Tréport, connu par ses bains de mer; puis la ville et le château d'Eu, magnifique palais qui appartenait au roi Louis-Philippe, et qui fut visité naguère par la reine Victoria.

7..

NEUFCHATEL.

Neufchâtel, petite ville située sur le penchant d'un coteau, dans une contrée très-fertile, se nommait autrefois Driencourt, et n'était qu'une simple bourgade que le roi d'Angleterre Henri Ier dota d'une forteresse. Cette bourgade, dont la population s'accrut rapidement, prit le nom de Neufcastel ; mais elle eut le loisir de regretter son heureuse obscurité quand les fléaux de la guerre vinrent fondre sur ce beau pays. Une partie de la citadelle existe encore ; la plus considérable a été détruite et employée à construire des fermes et des maisons de campagne.

Aujourd'hui, la seule réputation dont jouisse Neufchâtel est due aux excellents fromages qui se fabriquent dans les vallées environnantes.

Gournay fournit de très bon beurre.

Forges-les-Eaux, à six lieues de Neufchâtel, est un bourg connu par ses eaux minérales. Trois sources les fournissent : la Royale, la Reinette et la Cardinale, ainsi nommées de ce qu'elles furent recommandées à Louis XIII, à la reine Anne d'Autriche, son épouse, et au cardinal Richelieu.

Aumale avait un château-fort dont Guillaume le-Conquérant s'empara. Plus tard, Philippe-Auguste prit et détruisit cette ville ; plus tard encore, près de la cité sortie de ses ruines, un combat eut lieu. Henri IV venant de visiter le siége de Rouen avec une poignée de braves, s'exposa contre l'armée entière du duc de Parme, et fut atteint d'un coup d'arquebuse. Ce fut la seule blessure qu'il reçut, avant la blessure mortelle du couteau de Ravaillac ; aussi se plaisait-il, une fois paisible possesseur du trône, à montrer à ses amis le soldat qui l'avait blessé à la journée d'Aumale. Ce soldat faisait partie de sa garde.

Aumale est aujourd'hui une petite ville très-industrieuse. Elle fabrique des serges, des toiles, des blondes et de la faïence.

LE HAVRE.

Le Hâvre, un des principaux ports de France, est
situé à l'angle formé par la rive droite de la Seine et
par la côte de l'Océan, dans une plaine bornée au nord
par un rideau de collines parsemées de bois, de châteaux et de parcs, à l'extrémité desquelles s'élève le
bourg d'Ingouville. C'est vous dire que cette riche cité
est aussi bien placée pour le plaisir des yeux que pour
les avantages du commerce.

Il y a quatre cents ans, le Hâvre n'existait pas encore ;
quelques cabanes de pêcheurs seulement s'étaient élevées sur le sable mouvant que la Seine, puis l'Océan,
avaient couvert jadis. Le roi Louis XII, le père du peuple, fut le fondateur de la ville ; toutefois elle ne mérita
ce nom que sous François Ier. La France alors n'avait
d'autre marine que ses vaisseaux marchands, et quand
le roi avait besoin de quelques navires, il les louait aux
armateurs. L'Angleterre et la Hollande surtout étaient
en possession de tout le commerce maritime de l'Europe. Ce commerce ayant pris une grande extension
après la découverte de l'Amérique, Louis XII comprit
combien il serait avantageux à son royaume d'avoir, sur
les côtes de la Normandie, dont les habitants naissaient
marins, un bon port où se construiraient des vaisseaux ;
et la facilité de faire remonter, au moyen de la Seine,
les marchandises jusqu'à Paris, fixa, sur l'emplacement
qu'occupe le Hâvre, l'attention du roi.

En 1509, il en jeta les fondements, et quelques hardis marins vinrent s'y établir. François Ier, voulant
poursuivre son œuvre, chargea l'amiral Bonnivet de
visiter les travaux commencés, et le rapport de l'amiral
ayant été favorable au projet, François acheta, pour la
somme de soixante livres, un vaste terrain sur lequel il
fit bâtir. Puis, pour donner des habitants à sa ville, que
l'Océan menaçait d'emporter et dont le sol limoneux
contenait des germes pestilentiels, il l'exempta d'im-

pôts, et accorda à tous ceux qui viendraient s'y fixer de
grands priviléges. Il n'y a pas de péril dont la crainte
ne cède à l'intérêt : des marins d'Honfleur, d'Harfleur,
de toute la côte, accoururent à la nouvelle, mais à peine
commençaient-ils à connaître toutes les ressources
qu'offrait au commerce ce lieu bien choisi, qu'une tempête vint dévaster la cité, et que la mer furieuse reprit
possession de son domaine.

Les hommes alors luttèrent avec l'Océan, creusèrent
des bassins, élevèrent des digues et reconstruisirent
leurs habitations, en attendant une nouvelle tempête,
qui, cette fois, grâce à leurs habiles travaux, exerça
moins de ravage. Le Hâvre s'agrandit, des spéculateurs
y accoururent, et bientôt des navires sortis de ses chantiers purent prendre la mer.

Charles-Quint, le terrible rival de François Iᵉʳ, jaloux
de la prospérité de cette ville naissante, et prévoyant le
tort qu'elle pourrait faire à son commerce, vint l'attaquer; mais le roi d'Ecosse, allié de la France, arriva au
secours de la place, et Charles fut forcé de s'éloigner.
Quelque temps après, ce fut à l'Angleterre de s'alarmer
des progrès du Hâvre : Henri VIII, qui y régnait, envoya sa flotte contre le nouveau port; François Iᵉʳ, pour
le défendre, fit appel à tous les marins normands et
bretons et vint lui même au Hâvre. Henri crut prudent
de renoncer pour le moment à ses projets.

Le successeur de François Iᵉʳ, Henri II, fit paver le
Hâvre, qu'une peste cruelle venait de ravager, et en
agrandit l'enceinte. Vinrent ensuite les guerres de religion, qui firent tant de mal à la France. Le Hâvre, en
proie aux querelles des partis, cessa de s'accroître et de
prospérer, et bientôt, par la trahison du prince de
Condé, l'un des chefs du parti calviniste, cette ville,
l'œuvre des rois de France, et le constant objet de leur
sollicitude, passa sous la domination anglaise. Lord
Warwick la fortifia, en répara les murailles, et s'efforça
d'en faire pour l'Angleterre une place de sûreté, telle
qu'avait été jadis celle de Calais.

Catherine de Médicis, régente de France pour le roi

Charles IX, accourut en Normandie avec son jeune pupille, fit mettre le siége devant le Hâvre, et la garnison
anglaise fut forcée d'en ouvrir les portes (1563).

Épuisé par ces guerres, le Hâvre ne se releva que
sous le règne paternel d'Henri IV. Ce prince voulut
visiter cette ville et s'enquérir par lui-même des besoins de ses bonnes gens du Hâvre. Sully donna beaucoup d'activité au commerce maritime de cette place et
à ses chantiers de construction. Mais le grand bienfaiteur de cette ville fut Colbert, l'habile ministre de
Louis XIV : il encouragea les armateurs, décerna des
primes aux négociants, anima les marins; on rencontra dans toutes les mers les vaisseaux du Hâvre, et le
port fut constamment encombré de marchandises venues
des contrées les plus lointaines. La prospérité du Hâvre,
l'influence que son commerce promettait d'exercer sur
la fortune du royaume, inspira à Louis XIV la crainte
de voir ce beau port devenir la proie de quelque puissance étrangère. Il résolut donc de le mettre en état de
résister à toutes les attaques, et il envoya Vauban,
l'illustre ingénieur, pour fortifier la place.

En 1694, les Anglais, vainqueurs de la flotte française
au cap de la Hogue, conçurent le projet de détruire tous
nos ports; ils bombardèrent Dieppe, puis se portèrent
sur le Hâvre; mais la tempête les rejeta vers la haute
mer et donna à la ville le temps d'organiser sa défense;
les Anglais se rapprochèrent, envoyèrent quelques bom-
bes à la place; ils furent repoussés de nouveau par la
mer, et le Hâvre fut sauvé.

En 1759, une flotte anglaise attaqua de nouveau le
port, dont la prospérité toujours croissante excitait au
plus haut point sa jalousie; et le Hâvre ne dut son salut
qu'au courage de ses habitants, au secours desquels se
portèrent tous les paysans de la contrée, qui, se souvenant des impôts frappés par lord Warwick deux cents
ans auparavant, tremblaient de retomber entre les
mains des Anglais.

En 1804, les Anglais ne furent pas plus heureux, et le
Hâvre, malgré toutes leurs tentatives, malgré tous les

obstacles opposés à son commerce par ses actifs ennemis, est resté à la France et a continué de s'enrichir.

Le Hâvre est aujourd'hui une grande, belle et industrieuse cité ; son port est le plus sûr de la côte, et plus
de trois cents vaisseaux peuvent s'abriter dans ses
grands bassins. Nous avons déjà dit combien sont pittoresques les collines qui l'entourent ; ajoutez à ce charmant aspect, à la fertilité de la plaine, au mouvement
de la ville bruyante, active, affairée, le spectacle des
magniques navires qui se balancent dans la rade ; faites
glisser un rayon de soleil sur les étendards déployés de
tous ces bâtiments, dont plusieurs sont venus là des
extrémités du monde, jetez un coup d'œil sur ces hommes de toutes nations qui s'y pressent et s'y coudoient,
puis venez contempler la mer, écouter le bruit des
vagues et vous recueillir dans l'immensité ; puis dites
si cette ville n'offre pas tous les contrastes et ne réunit
pas toutes les beautés.

Le Hâvre a des raffineries de sucre, des fabriques de
toiles à voiles, des corderies et des chantiers de construction pour les vaisseaux. A présent surtout que non-
seulement la Seine relie ce port à Paris, mais que le
chemin de fer a réduit à huit heures l'espace qui les sé-
pare, le Hâvre est l'entrepôt d'une immense quantité de
marchandises, et jouit d'une plus grande activité commerciale qu'aucune des autres villes maritimes de la
France.

Ingouville, c'est encore le Hâvre, mais le Hâvre en
liberté, le Hâvre dégagé de son enceinte de murailles
pour jouir de la verdure, respirer le grand air, rêver au
bord des ruisseaux, et contempler, du haut de la colline, les fureurs de l'Océan ou guetter l'arrivée du vaisseau qui salue de loin le port.

Sainte-Adresse a un magnifique phare que les curieux
vont visiter, et que l'œil du marin aperçoit bien avant
celui du Hâvre.

Graville rappelle le nom d'une vaillante race de seigneurs normands, et montre les ruines d'une vieille
abbaye.

Montivilliers avait aussi une abbaye dont l'église est un reste. Les établissements religieux étaient en si grand nombre sur la terre si souvent ravagée par les guerres, que dans le cloître se réfugiait quiconque voulait se reposer de ces cruelles agitations, ou se livrer à l'étude, ou songer à son salut.

Harfleur, d'une origine ancienne, avait autrefois des murailles et des tours ; il a soutenu plus d'un siége et s'est vaillamment défendu lors de l'invasion anglaise. Harfleur avait aussi un port commerçant ; mais le Hâvre a ruiné le port ; les murailles ont été détruites, et Harfleur n'est plus qu'une laborieuse petite ville, fière encore à bon droit de ses vieux souvenirs.

Fécamp était jadis célèbre par son abbaye, qui rivalisa avec celles de Jumiéges et de Saint-Vandrille, et qui, parmi ses abbés, a compté des rois et des princes. Les rois anglo-normands l'enrichirent ; plusieurs d'entre eux voulurent y être enterrés, entre autres, Richard Ier, qui, comme nous l'avons dit, ordonna que son corps, *souillé de tant de péchés*, fût placé sous une gouttière, en dehors de l'église. Quand la Normandie eut été réunie à la couronne, les rois de France ne voulurent pas se montrer moins généreux que les rois d'Angleterre : l'abbaye de Fécamp fut richement dotée par eux. L'abbé de Fécamp portait la mitre et siégeait à l'Echiquier. Plus épargnée par les guerres que celle de Saint-Vandrille et de Jumiéges, cette abbaye était très-florissante quand la révolution de 1793 chassa tous les religieux de leurs savantes retraites ; elle fut alors pillée, puis morcelée et vendue à vil prix, comme l'étaient les biens nationaux.

La principale église de Fécamp est celle de l'abbaye et en porte encore le nom. C'est un vieux monument remarquable à plus d'un titre, et qui, malgré tous les outrages qu'il a subis, conserve encore de beaux restes de son ancienne splendeur : des bas-reliefs, quelque statues, un Christ voilé qui attire l'attention des connaisseurs, et une Assomption de la Vierge.

La ville est petite, mais jolie et commerçante, et, du

haut des falaises qui l'entourent, la mer est magnifique.
Le port de Fécamp a nécessité peu de travaux : il serait
bon et commode si le galet qu'y amène chaque marée ne
tendait à l'encombrer.

Sur le sommet le plus élevé de la falaise, un phare a
été récemment construit, et non loin de ce phare, une
modeste chapelle, dédiée à Notre-Dame-de-Salut, a été
reconstruite. C'est là, qu'avant de quitter la terre, les
marins viennent se recommander à leur sainte protectrice, et la prière ne peut manquer d'y être fervente;
car, du pied de l'autel, on entend la mer se briser en
grondant sur la plage, et le vent menace à chaque instant d'ébranler l'humble chapelle.

Sur le chemin âpre et long qui y conduit, se rencon-
trent çà et là des pierres sur lesquelles, à l'aide d'un
instrument grossier, de petites croix ont été gravées.
Auprès de chacune de ces pierres le pèlerin s'agenouille,
et, après avoir récité sa prière, il baise humblement
l'image du salut. A différentes époques, mais le mardi
de la Pentecôte surtout, l'affluence de ces pèlerins est
si grande que la ville en regorge, que les hôtels ne suf-
fisent point à les recevoir, et que les voitures qui les
amènent de tout le pays de Caux sont obligées de rester
dans les fermes ou dans les villages environnants.

C'est le pèlerinage du *précieux sang*. L'abbaye de Fécamp, si l'on en croit la légende, possède depuis longues années, le sang qui sortit du côté du Sauveur,
mourant sur la croix, lorsque Longin, l'un des soldats
commis à la garde du divin supplicié, le frappa de sa
lance pour s'assurer de sa mort. Ce sang, recueilli par
Nicodème, ému de ce miracle, aurait été transmis par
lui à ses fils comme la plus riche portion de son héritage et conservé jusqu'à ce que la haine des juifs, éveil-
lée par la prospérité de sa maison, eut découvert l'exis-
tence de la sainte relique. Pour la soustraire à leur pro-
fanation, le chrétien persécuté l'aurait enfermée dans
une boîte de plomb et confiée au tronc d'un figuier qu'il
aurait jeté à la mer.

L'arbre, après avoir longtemps vogué, aurait été trouvé

sur la grève par un pieux pêcheur, et la relique qu'il
renfermait, découverte par un miracle et remise aux
moines de l'abbaye qui, forcés de quitter leur monastère, l'auraient, eux aussi, retrouvée par un prodige,
une source douée de merveilleuses propriétés ayant
jailli du lieu où elle avait été enfouie.

Quoi qu'il en soit, Fécamp signifie champ du figuier,
et les pèlerins, après avoir été adorer dans l'église de
l'abbaye, la relique placée derrière le maître autel, dans
une sorte de tabernacle, se rendent à la fontaine du précieux sang et de là montent à la chapelle de la Vierge.
Beaucoup d'oisifs, beaucoup de curieux, sans doute, se
mêlent à la foule des vrais pèlerins, car Fécamp a, ces
jours-là, un véritable air de fête et présente un coup
d'œil des plus variés ; mais il est certain qu'un grand
nombre de visiteurs sont amenés là par une foi sincère,
par cette foi qui opère des miracles. Nous en avons vu
venir de plus de dix lieues, à pied et en sabots; nous
les avons vus gravir péniblement la falaise et ne prendre de nourriture qu'après avoir accompli cette rude
tâche. Certes ceux-là étaient des suppliants, il n'est pas
permis d'en douter.

Bolbec est une petite ville, qui fabrique chaque année
plus de trois cent mille pièces d'indienne et qui s'occupe
encore de la fabrication des cuirs, des chapeaux, des
dentelles, ou pour mieux dire à laquelle nulle industrie
n'est étrangère.

DÉPARTEMENT DE L'EURE.

Ce département doit son nom à une rivière qui l'arrose et va se jeter dans la Seine, au Pont-de-l'Arche.
La température en est douce, mais variable et humide,
comme celle de tous les pays qui avoisinent la mer

Normandie.

L'aspect de ce département est très-varié; on y trouve de belles plaines, des champs fertiles, de vastes forêts et de nombreuses rivières. L'agriculture y est parvenue à un haut degré de perfection; ces pâturages nourrissent des chevaux estimés et les plus beaux bœufs des marchés de Sceaux et de Poissy. Il y a d'importantes usines, des manufactures de draps et des fabriques de toiles de coton.

Nous aurions pu, de Bolbec, regagner la Seine et la traverser pour entrer dans le département de l'Eure; nous préférons, pour l'avantage de nos jeunes lecteurs, visiter chacun des cinq arrondissements qu'il forme, en commençant par Evreux.

ÉVREUX.

La ville d'Évreux est fort ancienne; elle était très-importante quand les Francs pénétrèrent dans les Gaules, et elle fut une des dernières abandonnées par les Romains à ces nouveaux maîtres. Elle est située dans une belle vallée, baignée par l'Iton, qui se partage en trois bras, pour la mieux arroser. L'un de ces bras est un canal, ouvert par les ordres de Jeanne de France, fille de Louis-le-Hutin, qui épousa Philippe, comte d'Évreux, et apporta dans cette maison la couronne de Navarre. Il commence à couler à une demi-lieue de la ville, près du château de Navarre, bâti par cette princesse, qui aimait à se rendre en bateau de son manoir à la ville. Navarre dominait la ville de l'Iton, et une avenue de magnifiques ormes y conduisait. Pendant le séjour qu'y faisait Jeanne et Philippe-le-Bon, son époux, ils y accueillaient gracieusement les seigneurs de la province, qui leur formaient une petite cour.

Charles-le-Mauvais, fils de Jeanne et de Philippe, tout occupé des intrigues qui causèrent tant de mal à la

France, sous le règne de Jean-le-Bon, et des noirs projets qu'il formait contre le jeune dauphin Charles,
depuis nommé le Sage, qu'un empoisonnement, attribué
u roi de Navarre, enleva trop tôt à ses peuples ; Char-
s-le-Mauvais, disons-nous, n'eut guère le loisir d'em-
llir son château de Navarre. Mais ses successeurs n'y
ma nquèrent point, et quand Charles VII y vint avec
un ois et la belle Agnès Sorel, le manoir était la plus
pl endide demeure de toute la contrée.

François Ier le visita aussi, et ce gros garçon, qui,
d'après la parole de Louis XII, devait tout gâter, laissa
dans ce pays le souvenir de fêtes splendides et de choses
d'une magnificence toute royale.

Quand Henri IV y vint, à son tour, Navarre tombait
en ruines. Il fut relevé, sous Louis XIV, par Mansard,
le célèbre architecte du grand siècle, et ce fut Lenôtre
qui en dessina les jardins, Lenôtre qui, ayant été une
fois embrassé par Louis XIV, saisi d'admiration à la vue
des travaux exécutés à Versailles par cet artiste, auquel
la nature semblait obéir, voulut aussi embrasser le
pape, et le lui demanda, après avoir reçu sa bénédiction. La réponse du Saint-Père ne pouvait être douteuse, et Lenôtre revint en France plein de joie d'avoir
reçu ce témoignage d'estime et d'affection des deux plus
grands personnages du monde.

Grâce à Mansard et à Lenôtre, Navarre devint une
féerique demeure ; les grands seigneurs et les beaux
esprits du temps semblèrent s'y donner rendez-vous à
la suite du duc et du prince de Conti. Le duc de Bouillon, qui en était le propriétaire, en faisait les honneurs
avec une grâce incomparable. Son fils, non content de
suivre son exemple, poussa la générosité jusqu'à la fo-
lie, en faisant bâtir, auprès de Navarre, un second château destiné à recevoir Louis XV et sa cour licencieuse.
Ce fut la ruine de la maison de Bouillon ; Navarre s'en
ressentit, et la révolution l'acheva.

Napoléon le fit reconstruire, et ce fut là que José-
phine se retira après son divorce, suivie par quelques
amis restés fidèles à son infortune. Navarre fut encore

alors une demeure royale, mais bien triste; c'était le dernier jour du château, comme le dernier jour de l'empereur.

Aujourd'hui rien ne reste de ce bel édifice; les beaux arbres du parc ont été arrachés, le terrain, morcelé, est couvert de moissons; les eaux qui le baignaient font mouvoir d'industrieuses machines, et ses belles pierres, vendues aussi, ont servi à élever les fermes voisines. C'est plus utile sans doute; mais il est bien permis, à qui voyage pour contempler de beaux monuments et de beaux sites, de donner un regret à toutes ces magnificences.

Toutefois de délicieuses promenades entourent la ville d'Evreux, qu'avoisinent les deux fertiles plaines de Neufbourg et de Saint-André. L'ancienne ville, qui a donné naissance à la moderne, était située sur l'emplacement nommé encore aujourd'hui le Vieil Evreux, et s'appelait Mediolanum du temps des Romains. Aujourd'hui, c'est une ville qui manque de régularité, mais dont les rues sont propres, bien pavées, et les maisons assez belles. Elle a des fabriques de coutil, de velours, de coton, de bonneterie, des filatures de coton, et fait un important commerce d'épicerie.

La cathédrale d'Evreux est une des plus anciennes et des plus remarquables églises de France. Elle existait longtemps avant l'invasion des Normands. Souvent dévastée, toujours réédifiée, elle garde la trace du passage de chaque siècle. Elle est bâtie en forme de croix; au milieu de cette croix, c'est-à-dire entre le chœur, la nef et les bras de la croisée, s'élève un dôme octogone, soutenu par quatre piliers. Ce dôme a été construit aux frais de Louis XI, sollicité par le cardinal Jean de la Balue, alors évêque d'Evreux. Louis XI, qui avait de gros comptes à régler avec le ciel, ne refusa point de contribuer à l'embellissement de cette église, dédiée à la Vierge. On sait que ce prince fourbe, cruel et superstitieux à l'excès, croyait racheter tous ses péchés par sa dévotion à la Mère de Dieu qu'il invoquait à chaque instant, dont il portait sans cesse l'image à son chapeau, et à laquelle il donnait les noms les plus doux.

Au milieu de ce dôme est un clocher d'un travail délié et solide, couvert de plomb, tout percé à jour, et dont le sommet forme une pyramide qui s'élève à deux cent quarante pieds au-dessus du sol.

L'église de Saint-Taurin, qui le dispute en antiquité à la cathédrale, dépendait d'une des plus anciennes abbayes de la Normandie. Ce qu'elle possède de plus précieux est, sans contredit, la châsse de son patron, œuvre de sculpture gothique, par la matière et par le travail.

Saint-Taurin fut le premier prédicateur de la foi chrétienne dans ce pays, et le premier évêque d'Evreux. Il eut encore à subir la persécution, et l'on montre sur le chemin de l'Aigle à Bercy, le coudrier dont les branches servirent à flageller le saint apôtre. L'histoire de sa vie et de ses miracles est racontée par les sculpteurs de la châsse dont nous parlions tout-à-l'heure; cette châsse, d'un merveilleux travail, échappa, par un bonheur étrange, au vandalisme révolutionnaire, et, retrouvée après la tourmente, elle fut rendue à l'église, dont elle est la principale richesse.

On remarque au Vieil-Evreux, les traces d'un aqueduc haut de cinq pieds, large de quatre, qui, après un parcours de quatre lieues, amenait ses eaux dans un vaste bassin carré d'un arpent de superficie. Des bains, un amphithéâtre et une grande quantité de médailles, ne permettent pas de douter que les Romains n'aient possédé là une belle et importante cité.

Conches, à quatre lieues d'Evreux, a une forge considérable, où les arceaux du pont des Arts et du pont d'Austerlitz ont été fondus, ainsi que la flèche de la cathédrale de Rouen.

Breteuil dont le territoire possède des mines de fer, a des forges et des fonderies de canons de tout calibre.

Rugles occupe cinq cents ouvriers à la fabrication des épingles.

Verneuil, ville anciennement fortifiée. Parmi les débris de ces fortifications, on voit un redoutable donjon connu sous le nom de Tour-Grise. Cette forteresse, située sur le bord de la rivière d'Avre, est de forme ronde, et n'a pas moins de vingt pieds de diamètre. La cathédrale de Verneuil est remarquable par sa solidité: les murailles en sont tellement épaisses qu'elles occupent près de la moitié de l'intérieur. Une bataille fut livrée sous les murs de Verneuil par le duc de Bedfort, régent d'Angleterre. Jean Stuart, chargé du commandement des armées de Charles VII, y fut complétement défait, et y perdit la vie (1424).

Cocherel, village peu éloigné d'Evreux, est célèbre par la bataille qu'y gagna Du Guesclin pour Charles-le-Sage, roi de France, contre Charles-le-Mauvais, roi de Navarre (1364).

Ivry, bourg situé sur l'Eure, vit Henri IV attaquer l'armée des ligueurs bien supérieure en nombre à la sienne, et remporter sur eux une victoire qui décida du sort de la France. En mémoire de cette journée, une pyramide, entourée de grilles de fer, avait été élevée là par les soins du duc de Penthièvre, grand amiral de France. Cette pyramide, détruite pendant la révolution, fut réédifiée par Napoléon en 1809.

Vernon, petite ville sur la rive gauche de la Seine, et l'une des stations du chemin de fer de Paris à Rouen, a les parcs et les magasins du train des équipages militaires. Le collége de Vernon, fondé par Henri IV, fut rebâti en 1773 par ce même duc de Penthièvre, l'un des hommes les plus bienfaisants et les plus vertueux de son siècle. L'église Notre-Dame est un édifice gothique qui renferme plusieurs tombeaux ornés de curieuses sculptures.

LOUVIERS.

Louviers est une ville ancienne, qui avait autrefois ses remparts et sa forteresse, mais qui n'a rien perdu en devenant seulement une ville industrieuse. Elle est située sur les deux rives de l'Eure, qui y est navigable, au milieu d'une belle et riche plaine, qu'abritent des collines verdoyantes. De vastes fabriques, qui occupent des milliers de bras, dominent Louviers, renommé depuis des siècles pour la bonne qualité de ses draps. Cette ville soutint plusieurs sièges; elle fut prise en 1431 par les Anglais, qui la mirent au pillage, et en rasèrent les fortifications, et c'est à dater de ce moment qu'elle commença à s'étendre de chaque côté de cette belle rivière, qu'on y traverse sur trois ponts.

L'église et la maison des templiers sont deux monuments dignes de fixer l'attention du voyageur. L'église était un fort bel édifice; il est malheureusement en ruines aujourd'hui; mais, par ce qu'il en reste, on peut dire que c'était une des plus rares merveilles de l'art chrétien.

La maison des templiers, quoique plus ancienne que l'église, est beaucoup mieux conservée. Elle date du XII⁰ siècle, et l'architecture en est aussi élégante que solide.

Le château de Gaillon était une antique forteresse dont l'archevêque de Rouen, Odon Rigaud, fit l'acquisition en 1262. Les Anglais s'en emparèrent et la détruisirent deux cents ans plus tard. On la réédifia, et, sous le règne de Louis XII, le cardinal Georges d'Amboise, ministre bien-aimé de ce bon roi, en fit l'un des plus magnifiques châteaux de la Normandie et de toute la France. Le cardinal se connaissait en architecture; il aimait le plus grand et le plus beau; le grand portail de la cathédrale et le palais de justice de Rouen disent assez ce que devait être le château de Gaillon, l'œuvre de prédilection de Georges d'Amboise. Hélas! il faut en appeler à ce qui nous reste de ces belles créations du cardinal, pour juger de la splendeur de celle dont nous parlons, car, de cette admirable demeure, il ne reste plus qu'un sombre édifice, dépouillé de tout ornement et transformé en une maison centrale de détention.

On voit à Neufbourg, dans l'arrondissement de Louviers, les restes d'un vieux château où le marquis de Sourdiac de Rieux, seigneur de Neufbourg, fit jouer pour la première fois l'opéra de la Toison-d'Or. Cette œuvre du grand Corneille était sans doute imparfaite : mais ce genre de spectacle, encore inconnu en France, eut un grand succès.

BERNAY.

Bernay est connu dans toute la Normandie par ses foires et par ses manufactures. Cette petite ville est vraiment belle à voir pendant la cinquième semaine de carême, époque de sa principale foire. Une foule immense s'y rend de plus de vingt lieues à la ronde, et les plus beaux chevaux normands y sont amenés.

Outre ces foires, qui sont une source de prospérités pour Bernay, cette ville a des fabriques de bougie, de toiles et d'étoffes de laine, des verreries et des fonderies.

Beaumont-le-Roger avait un château-fort situé sur un roc et regardé comme imprenable; mais le temps, à qui rien ne résiste, a renversé ses solides murailles, et c'est à peine s'il en reste aujourd'hui quelque vestige.

Brionne est une ancienne ville qui a beaucoup perdu de son importance, et où Guillaume-le-Conquérant réunit une espèce de concile avant de s'emparer de l'Angleterre.

Le bourg du Bec, à cinquante lieues de Bernay, avait une ancienne abbaye non moins célèbre que celle de

Fécamp, de Jumiéges et de Saint-Vandrille. Fondée vers le milieu du xi° siècle par Hellouin, seigneur de Bonneville, ce monastère, placé sous la protection de la Vierge, s'accrut rapidement, et des hommes recommandables par leur savoir et leur vertu s'y étant retirés , y ouvrirent une école où bientôt l'on vit accourir, tant de France que d'Angleterre, les jeunes gens des plus nobles familles. Aucune des saintes retraites vouées à la méditation et à l'étude ne surpassa en réputation de science l'abbaye du Bec : la théologie, l'histoire, la philosophie , la poésie, les sciences et les arts remplissaient tous les instants laissés libre par la prière , et les bons pères se livraient avec ardeur à cette noble et difficile tâche de faire pénétrer dans les esprits incultes qui leur étaient confiés un peu de ce savoir qu'ils avaient si laborieusement acquis. C'est dans cette abbaye que l'étude des langues anciennes commença de faire partie de l'enseignement, et l'exemple donné par les religieux du Bec trouva des imitateurs dans tous les monastères de la Normandie.

L'église de Sainte-Marie-du-Bec était une des plus belles du royaume : il n'en reste plus rien ; la maison chapitrale a aussi été détruite , mais les bâtiments habités par les moines sont encore debout, et disent assez quelle devait être la magnificence de ceux qu'on a renversés. Ces bâtiments sont d'un style moderne, élégant et simple à la fois, qui ne remonte guère qu'à trois cents ans, mais une vieille tour carrée, qui reste seule de l'édifice primitif, en atteste l'antique origine.

Une autre abbaye , non moins célèbre toutefois que celle du Bec , avait été fondée sur la Charentonne par Judith de Bretagne, femme de Richard II; mais de cette pieuse retraite comme de tant d'autres , on ne trouve plus que des ruines.

PONT-AUDEMER.

Cette ville est très-agréablement située, bien bâtie bien percée, et d'une parfaite propreté. La Rille y form un petit port assez fréquenté. L'amiral Annebault, qu avait un château à deux lieues de Pont-Audemer, avait entrepris de rendre la Rille navigable jusque-là, et avait commencé de creuser un canal; mais la mort l'ayant surpris au milieu de ses travaux, ils restèrent inachevés. Pont-Audemer doit son nom à Aldomar, seigneur gaulois, qui, gouvernant cette partie des Gaules au ve siècle, fit bâtir un pont dans cette ville, l'un des ponts de station d'une voie romaine qui allait de Julia-Bona à Noviomagus, c'est-à-dire de Lillebonne à Lisieux. Pont-Audemer était jadis une forte place; elle est encore en partie entourée de ses vieux murs et fossés qui, au moyen d'écluses, se remplissent d'eau vive. Elle a quatre portes et quatre belles places.

Il n'est pas nécessaire de dire que Pont-Audemer eut à soutenir bien des siéges. Du Guesclin s'en empara pour le roi Charles V, et en chassa les Anglais; la place était si forte que le vaillant breton, qui prenait les villes en courant, fut arrêté devant celle-là, et obligé d'employer le canon pour s'en rendre maître.

L'église de Saint-Germain est la plus ancienne de la ville, et, si l'on en croit les gens du pays, elle remonte jusque vers l'an 550.

L'église de Saint-Samson, aujourd'hui détruite, datait à peu près de la même époque et dépendait de l'abbaye du même nom. Un jour que le roi Childebert chassait dans la forêt de Bretonne, Samson, évêque gaulois, vint lui représenter les maux du peuple, et le supplier d'en avoir pitié. Childebert fut touché du tableau que le saint lui fit des misères que peut-être il ignorait, et promit de faire droit à sa requête, si toutefois le pieux évêque voulait aussi écouter sa prière. I ne s'agissait de rien moins que de délivrer le pays d'un énorme serpent qui avait choisi pour retraite une caverne voisine, et qui de là s'élançait dans la campagne, et y portait la désolation. Samson ne recula pas devant le danger : après avoir invoqué le nom de Jésus-Christ, il se rendit à la caverne, ordonna au serpent d'en sortir et de traverser la Seine, ce que le monstre fit aussitôt. Childebert, plein de vénération et de reconnaissance, éleva l'abbaye et l'église dont le prélat fut plus tard le patron.

Quillebeuf, ancienne capitale du Roumais, est le seul port du département de l'Eure. Il faisait partie du domaine des ducs de Normandie, et fut donné à l'abbaye de Jumiéges par Guillaume-Longue-Épée, fils de Rollon. Henri IV, qui trouvait cette petite ville très-avantageusement située, la fit entourer d'un rempart, et voulut même lui donner son nom ; mais l'ancienne appellation a prévalu. La Seine est fort large et d'une navigation difficile à Quillebeuf, où la marée remonte avec fureur. Les enfants de cette ville sont presque tous marins ; ils vivent de la pêche, du cabotage et du pilotage.

Ce pilotage est une association de marins expérimentés, connaissant parfaitement les courants, les bancs de sable, et tout ce qui pourrait rendre périlleuse la navigation de la Seine. Ils vont à la rencontre des vaisseaux, et les guident à travers ces dangers auxquels, sans ce secours, bien des navires succomberaient.

Tancarville rappelle la noble maison qui a donné à la Normandie plusieurs connétables et une foule de défenseurs.

La source de Grestain arrosait un monastère où fut ensevelie Ariette, la mère de Guillaume-le-Conquérant. La source coule toujours ; mais le monastère a disparu.

La Pointe de la Roque est une colline près de la Seine, et non loin de Quillebeuf. Elle est formée de bancs de cailloux et de pierres calcaires. Ces bancs, alternativement superposés, sont d'une régularité parfaite, sur une longueur de plusieurs lieues. On trouve dans la partie calcaire un grand nombre de coquillages fossiles.

Le Marais-Vernier, situé de l'autre côté de cette colline, est le grenier d'abondance de ce gras et plantureux pays de Normandie. Il est impossible de rêver une terre plus fertile : ce ne sont plus des champs, ce sont de véritables jardins où tout croît presque sans culture.

Bargeville fait le commerce des moutons de pré salé.

Bourg-Achard, au milieu d'une riche plaine, élève des chevaux fort estimés.

LES ANDELYS.

On comprend sous ce nom deux petites villes, qui ne sont séparées l'une et l'autre que par une chaussée d'un quart de lieue. La plus ancienne, qu'on appelle le Grand-Andely ou Andely seulement, est située au fond d'une vallée sur le ruisseau de Gambon, et l'autre, qui s'étend sur la rive droite de la Seine, se nomme le Petit-Andely. Le Grand-Andely doit son origine à un couvent de femmes, qu'y fonda la reine Clotilde, après la conversion de Clovis. Une bourgade se groupa autour de ce monastère, dont les saintes filles étaient charitables, et c'est ainsi que se forma la ville. Les maisons sont généralement vieilles et tristes, et les rues sombres et tortueuses.

L'église collégiale des Andelys est remarquable par la conservation de ses vitraux, qui sont d'une grande beauté. Les ogives du portail principal sont soutenues par une double rangée de colonnes à jour, d'un bel effet, et la porte littérale du nord, qui date du XVI⁰ siècle, attire l'attention des connaisseurs.

Le Petit-Andely possède les ruines encore majestueuses de la terrible forteresse construite par Richard-

Cœur-de-Lion, au mépris du traité qui lui interdisait même de relever ses forts démolis pendant la guerre. Nous avons dit, en faisant l'histoire de ce prince, combien de sang fut versé autour'de ce donjon, que Philippe avait juré de prendre quand il serait de fer, et Richard, de défendre quand il serait de beurre. Le Château-Gaillard, devenu français, comme la Normandie, arrêta pendant seize mois les Anglais, sous le règne de Charles VI. C'est une masse importante et gigantesque, qui domine un rocher fort élevé sur le bord de la Seine. Au pied de la forteresse, on voit les casemates où pendant les sièges on enfermait les chevaux et les provisions.

Mais la plus grande gloire des Andelys n'est pas d'avoir été témoins des luttes cruelles de la France et de l'Angleterre, d'avoir vu passer les rois chevaliers, suivis de leurs nobles vassaux; la gloire qu'ils peuvent à bon droit revendiquer est toute paisible : c'est celle d'avoir donné le jour à l'illustre peintre dont le nom suffirait avec celui de Corneille à la réputation d'une province plus vaste que la Normandie. Nous voulons parler du Poussin.

Romilly, village situé à quatre lieues des Andelys, possède une magnifique fonderie de cuivre, regardée comme le principal établissement de ce genre qu'il y ait en France. On y est parvenu à allier le zinc et le cuivre, ce qu'on avait cru longtemps impossible. L'oxide de cuivre (le vert de gris) est tranformé en sulfate de cuivre, et s'emploie en teinture. La fonderie de Romilly fait vivre près de mille ouvriers, et exporte, chaque année, trois cent mille kilogrammes de produits par la Seine.

LE POUSSIN.

Le 16 juin 1684, Nicolas Poussin naquit au château de Villiers, près des Andelys. Son père était un gentilhomme très-dévoué à la cause royaliste, mais très-pauvre, qui avait épousé, à cause de ce peu de fortune, la veuve d'un procureur. Nicolas était tendrement chéri de sa mère, qui l'élevait avec une extrême douceur et s'efforçait de lui inspirer des sentiments de piété; car elle eût désiré de tout son cœur lui voir embrasser l'état ecclésiastique. Il n'en était pas de même de son père; il eût voulu en faire un soldat. L'enfant était doux, docile, studieux, et, sans se préoccuper de l'avenir, il prenait plaisir, une fois ses heures d'études remplies, à crayonner toutes sortes de figures. C'était là sa récréation. Tandis que ses petits amis se livraient aux jeux de leur âge, lui se mettait à l'écart et, s'armant d'un charbon, il couvrait de dessins les murailles du jardin ou, à l'aide d'une baguette, il traçait des portraits sur le sable des allées.

Il était né peintre, comme Corneille était né poète.

Une circonstance imprévue lui révéla sa vocation, et anéantit les projets que formaient pour son avenir son père et sa mère. Le château de Vernon, ayant eu besoin de quelques réparations, Quentin-Varin, qui fut chargé de le décorer, étant entré en relation avec le brave gentilhomme des Andelys, remarqua les ébauches du petit Nicolas, et, découvrant dans ces imparfaites images, de rares dispositions, se chargea de lui donner quelques leçons, et de lui enseigner au moins les principes du dessin. Du même temps il fit comprendre au père, dont la position de fortune lui était connue, qu'un artiste pouvait faire son chemin tout comme un soldat, et, malgré la répugnance du gentilhomme à voir son fils devenir barbouilleur, Poussin résolut de ne point contrarier son goût prononcé pour la peinture.

Nicolas profita si bien des leçons de Quentin, que bientôt il n'eut plus rien à apprendre: alors, disant adieu à sa bonne mère, et recevant la bénédiction de son père, il quitta Villers et se rendit à Paris, où il espérait trouver de grands maîtres et faire promptement fortune.

Ces illusions, qui lui avaient rendu la route si facile, ne tardèrent pas à s'envoler : les maîtres qu'il trouva perdirent le prestige dont il les avait entourés de loin, et au lieu de la fortune qu'il avait rêvée, le Poussin fit connaissance avec la misère. Mais il était jeune, plein de force, de génie et d'avenir, et la misère ne l'abattit pas. Un jour qu'il se promenait dans la campagne, admirant la nature, qui pour l'artiste et le poète a mille beautés inconnues au vulgaire, il fit la rencontre d'un beau seigneur, jeune comme lui et comme lui confiant et généreux. Nicolas lui dit ses espérances, il fit part des déceptions dont sa route avait déjà été semée; bientôt une étroite amitié les unit, et leur bourse devint commune. Le Poussin travailla avec plus d'ardeur que jamais ; il était si heureux d'être délivré des soucis du lendemain et d'avoir trouvé un ami !

Tant de bonheur ne devait pas durer. Le jeune seigneur, rappelé en province par sa famille, supplia Nicolas de l'accompagner, lui promettant qu'en retour de l'hospitalité qui lui était offerte, on exigerait de lui de beaux et bons tableaux. Cette promesse acheva de décider l'artiste. Il suivit son petit ami en Poitou ; mais il fut froidement accueilli par la mère du gentilhomme, qu'il s'était réjoui d'aimer, lui aussi, comme une mère, et son talent fut si peu apprécié qu'on le traita comme un de ses parasites qu'on supporte parce qu'on ne peut s'en débarrasser.

Le Poussin avait trop de cœur pour accepter une telle vie; il dit adieu à son ami, et, chargé d'un bien léger bagage, il quitta le château, joyeux d'avoir recouvré sa liberté, mais, il faut en convenir, un peu embarrassé de ce qu'il allait faire. Il alla frapper à la porte des châteaux, des églises et des abbayes, en demandant du travail. C'est à peine si on lui répondit. Un peintre en si piètre équipage ne pouvait être un homme de talent; on n'avait pas besoin de sa besogne. Pour ne pas mourir de faim, le Poussin se fit peintre d'enseignes, et il se fût estimé très-heureux si ce travail, si indigne de son génie, ne lui eût jamais manqué. Mais une enseigne étant bientôt faite, le salaire en était bientôt épuisé, et l'on ne trouvait pas tous les jours une semblable aubaine. La détresse de Nicolas devint telle que, n'ayant pas de quoi payer son souper, il se vendit à deux recruteurs qu'il rencontra dans une hôtellerie; mais il était si chétif, si affaibli par le jeûne, que le marché fut rompu, le vendu n'ayant pas été reconnu propre au service du roi.

Le courage et la persévérance ne manquent jamais aux hommes de génie; le Poussin lutta contre sa mauvaise fortune, et ayant trouvé à s'occuper, il économisa sur le produit de ce travail, bien peu lucratif pourtant, une petite somme qu'il destinait à faire le voyage de Rome; car il voulait voir le beau ciel de l'Italie et contempler les chefs-d'œuvre de Raphaël. Au moment de se mettre en route, il fut forcé de renoncer à ce projet, caressé depuis longtemps : cette somme, amassée si péniblement, lui fut volée. Nicolas revint à Paris.

Il y rencontra un protecteur, le chevalier Marini, qui voulait l'emmener en Italie à ses frais, tant il avait été frappé à la vue de six tableaux faits en six jours par le Poussin, pour l'église des Jésuites. Le Poussin l'eût peut-être suivi; mais il avait promis encore quelques tableaux, il les livra et partit.

A Rome, il retrouva la misère qui, un instant avait paru vouloir cesser de le poursuivre, et il fut obligé de se faire, tour à tour, architecte, sculpteur et peintre en tout genre, pour vivre chétivement dans la ville des beaux arts. Quelques tableaux qui lui furent demandés plus tard par les cardinaux et par le pape Urbain VIII n'eurent pas le succès qu'ils méritaient, parce qu'ils s'éloignaient de la manière alors mise à la mode par le Guide, jeune peintre pour lequel Rome avait laissé le Dominiquin mourir dans l'oubli.

Le Poussin, ayant vu s'évanouir ce dernier espoir, souffrit cruellement; car il douta de lui-même et ne re trouva plus l'ardeur qui jusque-là l'avait soutenu. C'en était fait de lui peut-être; mais la fille d'un peintre français, nommé Dughet, un nom obscur aujourd'hui, et plus célèbre alors que celui du Poussin, ayant inté ressé son père à ce jeune peintre dont elle reconnais sait le talent, l'épousa, le consola et lui rendit le cou rage.

Il se remit au travail, et le succès vint enfin. Le car dinal de Richelieu fit demander à ce peintre français, établi à Rome, quelques tableaux pour son palais, et la réputation du Poussin fut faite. Ces tableaux furent au tant de chefs-d'œuvre; et Richelieu ayant résolu d'ache ver de décorer le Louvre, envoya à Nicolas le brevet de premier peintre du roi. L'artiste avait été tellement brisé dans sa lutte contre le malheur, qu'il fallut presque qu'il y fût contraint pour se décider à quitter sa chère retraite.

On lui fit à Paris l'accueil le plus empressé; le roi lui envoya un de ses carrosses, et lui donna un pavillon aux Tuileries. Le Poussin reprit ses pinceaux, et créa la Cène et le miracle de François-Xavier. En même temps, il s'occupait de tout ce que lui demandait le car dinal pour la décoration du Louvre : c'était chaque jour quelque chose de nouveau, et presque toujours des travaux indignes de remplir les instants d'un homme comme lui. Le Poussin souffrait; mais, par reconnais sance et par bonté de cœur, il se taisait. Enfin l'ennui qu'il éprouvait devint si grand qu'il quitta presque en fugitif cette cour de France, où il avait été si pompeu sement reçu, et vint retrouver sa femme, qui l'atten dait en Italie. Richelieu étant mort, et Louis XIII l'ayant suivi de près, on ne pensa plus au Poussin, et il vécut libre et heureux dans sa retraite, donnant tout son temps au travail et aux modestes joies de la fa mille.

Le Déluge, qu'il acheva à l'âge de soixante-douze ans,

passe pour son chef-d'œuvre. Le plus grand chagrin de sa vie fut la perte de sa femme, perte qui le laissa seul sur une terre étrangère, lorsqu'il était trop âgé et trop infirme pour aller revoir le sol natal. Il ne lui survécut pas longtemps, et sa mort, calme et pieuse, fut digne de sa vie modeste, honnête et laborieuse.

DÉPARTEMENT DU CALVADOS.

Ce département, qui se divise en six sous-préfectures, porte un nom espagnol, qu'il doit à ce qu'un vaisseau, faisant partie d'une flotte envoyée contre les Bretons, se brisa sur un ban de rochers à fleur d'eau, de cinq lieues d'étendue, situé dans la Manche, à peu de distance de la côte, entre l'embouchure de la Vire et celle de la Seulle. Le reste de la flotte ayant été rejeté au loin par la tempête, les Bretons, pour conserver le souvenir de cette délivrance inespérée, donnèrent au banc des rochers le nom du navire qu'ils y trouvèrent échoué.

Le sol de ce département est moins fertile que celui de la Seine-Inférieure et de l'Eure. Il est sablonneux dans certaines contrées, argileux dans d'autres. Presque partout la couche de terre végétale repose sur des bancs de grès, de granit ou de pierre calcaire.

Les côtes du Calvados ont près de vingt-cinq lieues d'étendue ; elles sont en grande partie formées par des falaises coupées à pic, dont la hauteur varie de cent cinquante à sept cents pieds d'élévation. La pêche y est fort abondante, et de nombreux parcs, pratiqués à l'embouchure de la Seulle, reçoivent annuellement plus de vingt-cinq millions d'huîtres, pêchées dans la rade du Cancale.

Des montagnes granitiques s'étendent an sud; plusieurs sont couvertes de forêts, et renferment des mines d'antimoines, de houille et de sulfate de fer. La vallée d'Auge et celle de Trevières renferment des landes marécageuses, et des pâturages où l'on élève une grande quantité de gros bétail, et une forte race de chevaux. Les productions du sol, moins encore que les différents genres d'industrie exercés dans ce département, en rendent le commerce très-actif.

Le département du Calvados est formé du pays de Lieuvain, qui faisait jadis partie de la Haute-Normandie et du pays d'Auge, de la plaine de Caen, du Bessin et du Boccage, qui appartiennent à la Basse-Normandie.

CAEN.

Caen est une grande et belle ville, située entre l'Orne et la Dive, à trois lieues de la mer, dans un vallon fertile dont les riches prairies sont bornées par des collines. Ces collines renferment des carrières dont on a tiré les belles pierres qui ont servi à bâtir Caen et, plus tard, le palais de Westminster, et la tour de Londres. La ville est bien bâtie, propre et régulière; elle décrit un demi-cercle, et au milieu de la courbe extérieure de ce demi-cercle, s'élève le château qui fut bâti par Guillaume-le-Conquérant, pour défendre Caen contre les entreprises des seigneurs du Bessin. La rue de Saint-Pierre et celle de Saint-Jean sont les deux plus grandes de la ville, qu'elles coupent droit, et les deux églises qui portent ces noms sont remarquables. Celle de Saint-Pierre, située au pied du château, est un assemblage de divers styles très-riches, très-élégants, dont la disparate même donne au coup-d'œil une variété qui plaît. Le rond-point de cette église est très-beau; il est dû, ainsi que les voûtes, à l'architecte Soyar. La Normandie, qui compte tant de beaux édifices religieux, n'en possède pas un dont la flèche soit aussi légère et aussi gracieuse que celle de Saint-Pierre de Caen. L'église de Saint-Jean date du xv° siècle. Le port, formé par le lit de l'Orne et par celui de l'Odon, sert au cabotage ; mais les dangers que présente l'entrée de l'Orne, obstruée de bancs de sable, et la presque impossibilité de remonter la rivière au-dessus de Caen, ne permettent pas à ce port d'acquérir une grande importance, seulement il rend de grands services en offrant un débouché aux produits de la ville. Ce port est entouré de beaux quais, commencés en 1787 et récemment terminés.

On ne peut assigner à la ville de Caen une origine certaine. Un grand nombre de savants pensent qu'elle a remplacé le village de Vieux, que les Romains avaient enrichi de plusieurs édifices, et qui, sous le nom de Civitas Viducassium (cité des Viducasses), était la capitale du pays. Détruite par les Saxons, au iv° siècle, cette ville fut reconstruite sur l'emplacement qu'occupe aujourd'hui le château, et reçut le nom de Cathem ou Cathon, qui, en saxon, signifiait demeure de guerre. Lors des invasions des Normands, elle était déjà considérable ; elle s'accrut rapidement après la cession de la Neustrie à Rollon, et devint surtout une belle et importante cité sous le règne de Guillaume-le-Conquérant.

Ce prince y fonda l'abbaye de Saint-Etienne, ou l'abbaye aux hommes, dans l'église de laquelle il voulut être inhumé. Cette église gothique a deux beaux clochers, surmontés de flèches aériennes. L'abbaye aux dames, située dans la partie la plus élevée de la ville possède la tombe de la reine Mathilde, épouse de Guillaume.

Le château fut commencé aussi par le Conquérant, terminé par Henri Ier.

Caen, en sa qualité de capitale de la Basse-Normandie, a eu une large part des maux de la guerre qui désola à plusieurs reprises toute la province. En 1346, Edouard III, engagé par Geoffroy d'Harcourt à porter la

— 181 —

guerre dans ce plantureux pays, qui pourtant était celui
de ce gentilhomme, vint mettre le siége devant Caen.
Les habitants, commandés par Raoul, comte d'Eu, et
par Jean de Melun, se défendirent vaillamment; mais
ayant été battus dans une sortie, ils furent obligés de
capituler. Edouard entra dans la ville; mais le combat
recommença dans les rues, et le vainqueur, irrité, la
mit au pillage. Les bourgeois se barricadèrent dans leurs
maisons, et résistèrent avec la rage du désespoir; mais,
malgré les efforts du traître d'Harcourt, qui commençait sans doute à se repentir de ce qu'il avait fait, une
grande partie de cette brave population fut massacrée,
et toutes les richesses de la ville devinrent la proie des
Anglais.

En 1417, ils s'en emparèrent pour la seconde fois, et
s'y maintinrent jusqu'en 1450, époque à laquelle Dunois
la leur enleva. Elle était alors entourée de fortes murailles flanquées de vingt et une tours, les unes rondes,
les autres carrées; ces fortifications ont presque entièrement disparu; mais le château, quoique démoli en
partie à la révolution, pourrait encore être défendu; car
il est assis sur un mamelon entouré de larges fossés.

Charles VII fonda l'université de Caen; cette ville
méritait une telle distinction, car les lettres y ont toujours été particulièrement honorées.

Caen a donné naissance à Malherbe, le réformateur de
la langue, le père de la poésie française. Il vivait sous
le règne d'Henri IV, et comme on demandait un jour au
roi pourquoi il ne faisait plus de vers : « Je n'en fais
plus, dit-il, depuis qu'un gentilhomme normand, nommé
Malherbe, s'est avisé d'en faire. »

L'église de Saint-Nicolas, qui depuis longtemps ne
sert plus au culte, est un des édifices remarquables de
Caen, en ce que c'est peut-être le seul monument de la
province qui présente dans toute sa pureté, c'est-à-dire
sans mélange d'ornements étrangers et sans altérations
modernes, le type de l'architecture française au onzième
siècle.

L'hôtel de la préfecture, de style italien, est un grand
et bel édifice.

BAYEUX.

Bayeux est une très-ancienne ville, située dans une
plaine d'une admirable fertilité. La plupart de ses rues
sont étroites en raison même de cette ancienneté. Ses
places publiques sont irrégulières, vastes et plantées
de beaux arbres. Lors de la conquête des Gaules par
César, Bayeux était déjà une ville importante; les Romains l'agrandirent, l'ornèrent de beaux édifices et l'entourèrent de fortes murailles. Les Saxons s'en emparèrent et la détruisirent. Une ville nouvelle sortit de ses
ruines; mais les Normands vinrent et la ravagèrent.
Après l'établissement des pirates en Neustrie, elle redevint florissante jusqu'à ce qu'Henri Ier, roi d'Angleterre,
l'ayant prise, la brûla. Edouard III en fit autant, et
Bayeux, réédifié une fois encore, devint le théâtre des
fureurs des huguenots pendant les guerres de la religion.

La cathédrale de Bayeux, bâtie au xie siècle, sur l'emplacement d'une vieille église, est une grande et majes-
tueuse basilique, de style gothique, dont on remarque
les statues et la chapelle souterraine.

Le château, bâti par Richard Ier, était une forteresse
redoutable; mais il n'en reste plus rien. L'évêché de
Bayeux est le plus ancien de toute la Normandie.

Mais ce que Bayeux possède de plus rare et de plus
précieux, c'est la tapisserie de la reine Mathilde. On appelle ainsi une broderie faite par cette princesse sur une
toile de lin de cinquante-quatre centimètres de largeur
et de soixante-dix mètres de long. Cette broderie retrace
les hauts faits de Guillaume-le-Conquérant, et, bien que

le tableau n'en soit pour ainsi dire qu'esquissé, c'est une œuvre très-précieuse au point de vue de l'antiquité et de la fidélité avec laquelle les costumes du temps y sont indiqués. Toutefois, sans être artiste, on se sent le cœur touché lorsqu'on examine ce long travail, monument de la tendresse conjugale de cette reine, qui, dans le silence de son palais, s'occupait, pour charmer les ennuis que lui causait l'absence de son époux, à écrire, à l'aide de son aiguille, cette histoire que la postérité devait si soigneusement conserver.

L'abbaye du Val, à quelque distance de Bayeux, est encore aujourd'hui une belle et poétique demeure. L'abbaye de Barbery était située à l'entrée du riche vallon qu'on appelait le Cinglais. Ces moines avaient une réputation de science bien supérieure à celle des religieux du Val. L'abbaye des Ardennes, celle d'Aunay, celle de Saint-Laurent, celle de Longues, celle de Trown, celle de Sainte-Marie-du-Val, et les prieurés de Fontenay-le-Pesnel, de Saint-Etienne et du Plessis-Grimaud étaient autant de monastères renfermés dans le diocèse de Bayeux.

Isigny, à dix lieues de Bayeux, près du confluent de l'Aure et de la Vire, est renommé pour son beurre, son cidre, et à chaque semaine un marché très-considérable. Il est situé au milieu d'une fertile campagne, au bord d'un petit golfe qui porte le même nom.

Trévière fabrique aussi d'excellent beurre. Lilleri a des mines de houille, et Marigny, de belles carrières de pierres de taille.

FALAISE.

Falaise s'élève en amphithéâtre sur une colline surmontée d'un rocher que domine le château, vaste forte-

resse, dont les remparts sont flanqués de hautes tours.
Les restes de ce donjon, qui renferme aujourd'hui le
collége, rendent l'aspect de Falaise très-pittoresque.
C'est là que naquit, en 1027, Guillaume-le-Conquérant;
c'est de la fenêtre de cette tourelle que Robert-le-
Diable aperçut pour la première fois Arlette, la mère de
Guillaume, baignant ses petits pieds dans la fontaine.
La statue de ce vaillant duc de Normandie, qui plaça sur
sa tête la couronne d'Angleterre, décore depuis peu de
temps la principale place de la ville.

Falaise, dont l'origine est ancienne, souffrit de toutes
les guerres dont nous avons raconté la longue histoire,
et fut l'une des dernières places dont, après le martyre
de Jeanne d'Arc, Charles VII chassa les Anglais. Cette
ville est aujourd'hui très-industrieuse; elle fabrique des
toiles de coton, de la bonneterie, des tulles, des dentelles et des teintures renommées. C'est dans un de ses
faubourgs que se tient la foire de Guibray, l'une des
plus célèbres de la France, la première après celle de
Beaucaire. Elle commence le 19 d'août et dure quinze
jours.

VIRE.

Vire est une ville ancienne et pourtant jolie, élevée
sur un rocher, coupé presque à pic d'un côté. Ainsi
placée, Vire domine les deux vallées qu'on appelle les
Vaux-de-Vire. Ce nom de Vire vient, à ce que l'on croit,
de ce que la rivière qui baigne le pied du rocher vire,
c'est-à-dire tourne, ce que nous traduirons en disant
qu'elle offre un grand nombre de sinuosités.

Vire ne fut d'abord qu'un château-fort dont la construction remonte à une époque très-reculée; autour de

ce château s'élèvent des habitations qui donnèrent naissance à la ville.

On y fabrique des toiles de coton, des draps; et ses environs donnent des blocs de granit d'une grande beauté. On voit près de Vire une des plus belles papeteries qu'il y ait en France.

Deux vieux châteaux construits, à ce que l'on croit, pour opposer une barrière aux invasions des Normands, rendent, par leurs ruines, le paysage plus pittoresque.

LISIEUX.

Lisieux, ancienne capitale des Lexovii, couvrait jadis un emplacement quatre fois plus considérable que celui de la ville actuelle. Celle-ci fut bâtie par les Saxons, au IVe siècle, après qu'ils eurent détruit la première. Les Anglais s'en emparèrent en 1415; mais elle ne resta que trois ans sous leur domination, et fut reprise alors par Charles VII. Elle tomba, en 1571, entre les mains des ligueurs, et Henri IV ne s'en rendit maître qu'en 1588. Lisieux n'a qu'une grande et belle rue; les autres sont étroites et tortueuses, formées de maisons hautes, vieilles et tristes, bâties pour la plupart de bois. Mais, quelque irrégulière que soit la ville, elle est si agréablement située, moitié sur le penchant d'une colline, moitié au pied de cette colline, dans un riche vallon qu'arrosent l'Orbec et la Touques, que l'aspect en est charmant. Des maisons de campagne, de beaux jardins, des bois, des prairies, en rendent les environs délicieux.

On y fabrique des toiles de coton, des couvertures en poil de bœuf, et ces belles toiles connues sous le nom de Cretonne.

PONT L'ÉVÊQUE.

Cette petite ville, assise dans une belle vallée, à la jonction de la Touques, de la Colonne et d'un autre ruisseau, était jadis considérable. Guillaume-le-Conquérant y réunit les évêques et les seigneurs de son duché de Normandie, pour lui faire part de ses projets sur l'Angleterre, et ces projets ayant été approuvés par l'assemblée, il fit aussitôt les préparatifs de cette grande expédition.

Pont-l'Évêque fabrique des dentelles, et fait un grand commerce de cidre, de beurre et d'eau-de-vie.

Honfleur, situé à quatre lieues de Pont-l'Évêque, a un port sur la Seine, près de l'embouchure de ce fleuve. C'était autrefois une ville fortifiée, qui paya largement son tribut au fléau de la guerre. De son importance guerrière, il ne reste à Honfleur que quelques débris de remparts; elle ne la regretterait pas, sans doute, si elle n'avait perdu aussi son importance commerciale. La ruine des uns profite à la fortune des autres, c'est la loi de ce monde; ainsi, quand le Hâvre n'était encore qu'un marais, Honfleur voyait son port encombré de navires; aujourd'hui tout y est calme, et cette grande activité, cette richesse que pleure la ville, s'est réfugiée au Hâvre.

La colline qui domine Honfleur porte la chapelle de Notre-Dame-de-Grâce, que chaque navire saluait jadis d'un coup de canon, et qui reçoit aujourd'hui encore les vœux de tous les marins de la côte.

Le langage des habitants du Calvados s'est beaucoup amélioré depuis une cinquantaine d'années; il était alors presque inintelligible, tandis que maintenant on parle assez purement le français dans les villes; toutefois la prononciation des Bas-Normands est lourde, traînante et fortement accentuée, surtout dans l'arrondissement de Vire et dans celui de Falaise.

On trouve dans ce département plusieurs sources dont le cours irrégulier est quelquefois suspendu pendant un temps assez long. On les nomme Vitoires dans le pays. Le plus remarquable de tous est celui d'Anisy. C'est un ruisseau qui reste plusieurs années sans couler, puis qui, jaillissant tout à coup, grossit avec une extrême rapidité, et, se répandant dans la campagne, détruit les moissons, enlève les chaumières, et laisse la désolation sur son passage. Aussi, dès que la Vitoire commence à couler, l'alarme se répand, les paysans mettent à la hâte en sûreté ce qu'ils ont de plus précieux, chassent leurs bestiaux sur les collines, et cherchent eux-mêmes un asile contre l'inondation. Au bout de quelque temps les eaux se retirent dans leur lit, y coule paisiblement, puis disparaissent pour revenir exercer plus tard les mêmes ravages.

Le village d'Ernes, situé loin de la mer et privé de toute espèce de cours d'eau, présente aussi un phénomène singulier. Un étang s'y forme à des époques irrégulières, et, après avoir crû pendant plusieurs mois, les eaux se retirent et disparaissent.

Dans l'ancien château de Douvres est creusé un large et profond abreuvoir rempli d'eau de source. Pendant longtemps le niveau de cette eau varie à peine, mais sans que rien puisse en donner avis, elle commence à bouillonner, s'élève au-dessus de la maçonnerie qui l'enferme et forme un ruisseau considérable.

DÉPARTEMENT DE L'ORNE.

Ce département, formé dans la partie méridionale de la Normandie, d'une portion du Perche et du duché d'Alençon, se divise en quatre arrondissements.

Le sol présente beaucoup de variétés : des vallons

bien arrosé, des champs fertiles, de grasses prairies, et, formant un cadre à toute cette belle campagne, des collines dont le sommet inculte sert de pâturage à de nombreux troupeaux. Beaucoup de ces hauteurs sont couvertes de forêts, abondent en mines de fer et en carrières de pierres noires. On y trouve aussi de ces cristaux de quartz, connus sous le nom de diamant d'Alençon. Les prairies nourissent des chevaux de belle race, très-recherchés pour la cavalerie.

Le département de l'Orne est un de ceux où l'on parle le mieux le français ; toutefois, là, comme dans tout le reste de la Normandie, la prononciation est lente et cadencée.

On y trouve des monuments druidiques ; des dolmens et des pulwans, tels que la Pierre-Procureuse, près de Saint-Cyr ; le dolmen du Bois-de-la-Pierre, dans l'arrondissement de Mortagne ; la Pierre-des-Fées, près d'Argentan, et la Pierre-de-la-Tremblaie, près de Bomenil. La roche d'Orgères, non loin d'Alençon, était regardée comme un monument druidique, et n'est que l'œuvre de la nature. Ces vieilles pierres druidiques, si longtemps entourées de la vénération des peuples, sont encore aujourd'hui l'objet d'une superstitieuse terreur.

Entre Séez et Argentan, on voit les restes d'un camp romain nommé le Camp-de-César ou le Châtelier ; c'est une vaste enceinte ovale, disposée sur le penchant d'une colline très-élevée. Une grande quantité de médailles ont été trouvées dans les environs.

Le moyen âge a laissé dans ce département un assez grand nombre de monuments. Outre les vieilles cathédrales, on remarque, à la butte de Chaumont, les ruines d'un château normand. Des ruines encore indiquent où s'élevaient les châteaux de Boitran, de Saint-Léger, de Courtommer et d'Essay.

ALENÇON.

Cette ville, située au confluent de la Sarthe et de la Brionne, dans une belle plaine entourée de forêts, est grande et bien bâtie. Les rues en sont larges, propres et bien percées. La principale place d'Alençon est ornée de deux beaux édifices : l'hôtel-de-ville et le palais de justice; elle communique à une magnifique promenade, plantée des plus beaux arbres qu'on puisse voir. Alençon n'était encore, en 993, qu'un bourg que Charles-le-Chauve céda aux Normands. Peu de temps après, fut bâtie la forteresse qu'on y voit encore, et qui, parfaitement conservée, sert aujourd'hui de prison. Cette ville devint une place très-importante sous le gouvernement de ses comtes, qui relevaient des ducs de Normandie, et devinrent en conséquence vassaux de l'Angleterre sous Guillaume-le-Conquérant. Philippe-Auguste acheta le comté d'Alençon à Alix, sœur de Robert IV, le dernier de ces comtes, mort sans postérité. Ce domaine fit partie de la couronne de France jusqu'à saint Louis, qui la donna en apanage à son cinquième fils. Plus tard il fut érigé en duché. Alençon fut désolé par les guerres religieuses au dix-septième siècle, et devint alors le théâtre de scènes horribles.

La cathédrale d'Alençon, dédiée à la Vierge, est un édifice gothique très-remarquable. De chaque côté, cinq arcades à ogive soutiennent des galeries à jour, au-dessus desquelles cinq grandes croisées à vitraux coloriés répandent dans la nef une mystérieuse clarté. Le portail forme trois arches, surmontée chacune d'une pyramide; mais la foudre a renversé, en 1744, la belle flèche qui couronnait ce monument. Les caveaux qui renfermaient les tombes des comtes d'Alençon ont été profanés à la révolution, et ces tombes ont été brisées.

Alençon fabrique des toiles renommées, des calicots,

des mousselines, des étoffes de laine, des gants, et fait un grand commerce de cidre, de grains, de duvet, de chevaux et de bestiaux.

Séez, petite ville sur l'Orne, est le siége d'un évêché. Elle fut fondée, à ce qu'on assure, par les Saxons vers la fin du xve siècle, et reçut le nom de Saxia, dont on a fait Séez. La cathédrale de Séez appartient au xiiie et au xve siècle; c'est un des plus beaux édifices gothiques de la Basse-Normandie. On y remarque, en outre, de beaux marbres, et quelques bons tableaux.

A une lieue et demie de Séez, on trouve le château d'O, chef-d'œuvre du xve siècle, attribué à la reine Isabeau de Bavière; c'est un édifice gothique, bâti sur pilotis, au milieu d'un bassin profond et rempli d'eaux vives. Ce château était très-fort, et soutint plusieurs siéges. Louis XIII l'érigea en marquisat, en 1616; il passa à la famille de Montaigu, qui le posséda jusqu'à la révolution, époque à laquelle il fut vendu comme propriété nationale.

La Tour-Ronde, bâtie par la dame de Carouge, pour préserver le pays des invasions des Manceaux, est encore debout, et contraste avec les restes d'un grand nombre de châteaux en ruines.

ARGENTAN.

Argentan faisait partie du duché d'Alençon. C'est une ville ancienne, située sur une hauteur qui domine une plaine fertile; elle était autrefois défendue par de fortes murailles, par un château qui sert aujourd'hui de prison, et par des remparts transformés en promenades. L'église de Saint-Germain est un édifice gothique, dont les flèches qui menaçaient ruine ont été raffermies par

M. Alavaïne, des ateliers duquel est sortie la flèche en fonte de la cathédrale de Rouen.

Dans les environs d'Argentan, on trouve des pierres druidiques : la pierre de Gargantua, la longue Roche et la butte du Hou.

La chapelle de Mesnil-Glaise, située sur les bords de l'Orne, renferme une statue de saint Roch, qui attire une foule de pèlerins. Celle de Crève-Cœur est aussi fort renommée.

Le village de Pin, à trois lieues d'Argentan, possède un magnifique haras, fondé par Louis XIV, et achevé pendant la minorité de Louis XV. Trois belles avenues percées dans la forêt conduisent à cet établissement dont le château des administrateurs occupe le centre. A droite et à gauche s'étendent de superbes écuries, peuplées d'un grand nombre de chevaux de prix. Du côté opposé à la forêt, s'étendent de vastes prairies destinées au pâturage des élèves du haras, et de la hauteur sur laquelle est situé l'établissement on jouit d'un point de vue admirable.

Le Pin est le chef-lieu du deuxième arrondissement de concours pour les courses de chevaux. Cet arrondissement comprend, outre les cinq départements formés de la Normandie, ceux du Nord, du Pas-de-Calais, de la Somme, de la Sarthe et de l'Eure-et-Loir.

Ces courses ont lieu au mois d'août, dans l'hippodrome tracé près du Pin, au lieu dit la Bergerie de la Bruyère.

LIMOGES. — IMPRIMERIE DE BARBOU FRÈRES.

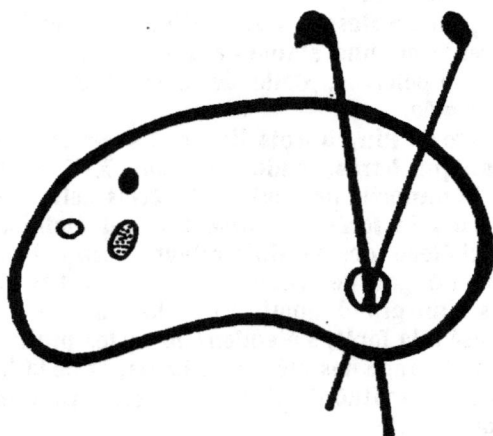

FIN D'UNE SERIE DE DOCUMENTS
EN COULEUR

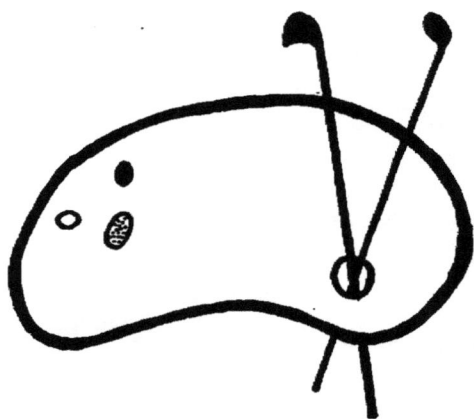

FIN D'UNE SÉRIE DE DOCUMENTS
EN COULEUR

www.ingramcontent.com/pod-product-compliance
Lightning Source LLC
Chambersburg PA
CBHW070626100426
42744CB00006B/607